# EXPLICATION DES PLANCHES

COMPOSANT

## L'ATLAS DES VOYAGES D'ALI BEY.

# EXPLICATION DES PLANCHES

## COMPOSANT

## L'ATLAS DES VOYAGES D'ALI BEY.

### PLANCHES CITÉES DANS LE TOME PREMIER DU TEXTE.

Le portrait d'Ali Bey est à la tête du premier volume.

| PLANCHES. | FIG. | |
|---|---|---|
| I. | | El Cassaba ou le château de Tanger. Cette vue fut prise par Ali Bey de la terrasse de sa maison à Tanger. |
| II. | | Le cimetière de Tanger. |
| III. | | Plan et profil de la grande mosquée à Tanger. |
| | a. | Le Meheréb, niche où l'imam se place pour diriger la prière publique cinq fois par jour. |
| | b. | El Monbar ou tribune du prédicateur pour les vendredis. |
| | c. | Armoire qui renferme une petite bibliothèque. |
| | d. | Deux chaires où les docteurs s'asseyent pour faire des lectures publiques. |
| | E. | Cour découverte. |
| | a. | Fontaine sans eau. |
| | h. | Minaret ou tour, du haut de laquelle on appelle les fidèles à la prière cinq fois par jour. |
| | i. | Portes subalternes. |
| | I. | Porte principale. |
| IV. | A. | Façade de la mosquée. |
| | B. | Porte principale. |
| | c. | Porte subalterne. |
| | d. | Grande jarre, avec un pot pour boire, établie et dotée par Ali Bey. |
| | e. | Minaret, avec le drapeau blanc qu'on arbore à toutes les heures de prière. |
| | 2. | El Monbar ou tribune du prédicateur. |
| | h. | Une des chaires des lecteurs publics à la mosquée. |
| | i. | Boutique à Tanger. |
| | k. | Une boutique fermée. |
| V. | A. | Cadran grossier dont on se sert pour observer l'heure du soleil. |
| | B. | Explication des chiffres. |
| | a. | Fil. |
| | b. | Plomb. |
| | c. | Nœud coulant. |
| VI. | | Écriture de la main de Muley Soliman, empereur du Maroc. |

L'empereur de Maroc écrivit ce papier, que nous possédons en original, en présence d'Ali Bey, pour le lui faire lire. Le moufti auquel il le remit auparavant lui fit observer qu'il y manquoit un mot. Le sultan reprit le papier, ajouta en interligne le mot que nous avons marqué d'un astérisque *, et le donna ensuite à lire à Ali Bey. Cette écriture, faite avec une plume de roseau, a été imitée dans la gravure avec la plus grande exactitude.

*Traduction de ce papier.*

Au nom de Dieu clément, miséricordieux.

La bénédiction de Dieu et la paix soient sur notre seigneur Mouhhammed, et sur les siens, et sur ses amis. Il n'y a d'autre Dieu que Dieu, et Mouhhammel est le Prophète de Dieu. La bénédiction de Dieu et la paix soient sur ceux qui croient en Dieu, et en ses anges, et en ses livres (*révélés*), et à ses prophètes, et au jour du jugement final, et à la justice éternelle.

| VII. | | Firman de l'empereur de Maroc, faisant donation à Ali Bey du château de Semelalia, et d'une grande maison dans la ville de Maroc. |

PLANCHES. FIG.

## Traduction.

Louange soit donnée à Dieu unique.
La bénédiction de Dieu soit sur notre seigneur Mouhhammed et sur les siens.

(*Lieu du sceau impérial*).

Savoir faisons par la présente que, au nom de Dieu, nous avons accordé à notre serviteur Ali Bey, d'Alep, le château de Semelalia, avec les jardins, et la maison de Benhamet Douquely, dans le quartier d'el Kossor, pour qu'il puisse faire usage des deux choses, ou les vendre à sa volonté, sans que personne puisse lui rien dire, ni lui opposer des obstacles, ni le toucher, sous peine d'être puni; et nous chargeons expressément notre serviteur le Kaïd Omar Buerta (*c'était le pacha de Maroc*) de le faire accomplir et garder, de donner assistance à notredit serviteur Ali Bey, de l'aider en tout, et d'avoir toujours soin de lui. Saint. Aujourd'hui vingt-neuf Doulhaja le sacré, de l'an 1218 (*de l'hégire*).

L'empereur de Maroc ne signe jamais ni ne met l'endroit de la date; le sceau impérial tient lieu de tout.

VIII. Fête guerrière en l'honneur d'Ali Bey à Mogador.

La planche représente le moment où Ali Bey revient d'un grand dîner qui a eu lieu dans un château du sultan; il est à la tête d'une nombreuse cavalerie commandée par les pachas des provinces de Scherma et de Sous. Le pacha de la province de Hhabha, qui étoit caché avec ses troupes derrière des dunes ou monticules de sable, débouche au grand galop comme pour attaquer Ali Bey. Aussitôt le pacha de Scherma se détache, avec sa troupe, comme pour repousser celui d'Hhabha, tandis que de petits partis font des escarmouches, et qu'Ali Bey continue posément sa marche à la tête des troupes du pacha de Sous. Enfin le pacha de Hhabha arrive auprès d'Ali Bey, et fait, avec sa petite armée, une décharge de mousqueterie, en poussant le cri d'honneur: *Allah ichark omor Sidina Ali Bey; Dieu bénisse la vie de notre seigneur Ali Bey.* Cette scène se passe presque sous les murailles de Mogador.

IX. Plan de la ville de Maroc.

A. Palais du sultan.
a. Les plus beaux appartements que le sultan lui-même fit voir à Ali Bey.
b. Jardin où le sultan fait sa résidence ordinaire.
c. Maisonnette en bois dans une cour, servant d'antichambre, où se tiennent les grands officiers de la cour.
d. Corps-de-garde.
e. Passage pour aller chez Muley Abdsulem, frère du sultan.
f. Quatre cours immenses où le sultan donne ses mechouars ou audiences publiques.

PLANCHES. FIG.

g. Maison de Muley Abdsulem.
h. Appartements de ses femmes ou le Harem.
i. Mosquée du palais, ouverte au public; le sultan y fait la prière les vendredis.
k. Maison de Muley Abdelmelek, cousin du sultan, et général de la garde.
l. Maison du pacha de Maroc.
m. Maison où fut logé le grand saint Sidi Ali Benhhamet pendant sa résidence à Maroc.
n. Maison donnée à Ali Bey par le sultan.
o. Maison habitée par Ali Bey avant cette donation.
p. Espace occupé par des jardins.
q. Décombres employés à la fabrication du salpêtre.
r. Chemin de Mogador.
s. Chemin de Semelalia.
t. Chemin de Deorquela et de Rabat.
v. Porte extérieure des jardins du sultan.
x. Mosquée de la porte Beb Douquela.
z. Mosquée dans le district du palais.
B. Quartier des juifs.
C. Mosquée el Koutoubia.
D. Mosquée el Moarin.
E. Mosquée Benious.
F. Mosquée et hospice de Sidi Belabbés, patron de Maroc.
G. Le grand marché.

*Portes de la ville.*

H. Beb Douquela.
J. Beb el Hhamiz.
K. Beb ed Debah.
L. Beb Ailan.
M. Beb Ognaaz.
N. Bel el Hhamar.
O. Beb el Koziba.
P. Beb Tabelcazemt.
Q. Beb er Roб.

Le plan n'indique que les rues principales de la ville; il y a un grand nombre de petites rues de traverse qui ne sont pas marquées.
L'échelle marque 8500 pieds de Paris.

X. Vue de la cordillère des monts Atlas, prise par Ali Bey de la ville de Maroc.
Ces montagnes sont toujours couvertes de neige.

XI. Généalogie de Muley Soliman, empereur de Maroc.
Cette généalogie est une copie de l'original que le sultan lui-même confia à Ali Bey. La traduction est au tome premier, page 309.

## TOME SECOND.

PLANCHES. FIG.

XXXVII. 1. Monument en ruines à Amathonte. La base, qui est debout, a six pieds de hauteur.

3. Vue et coupe d'un des deux vases gigantesques taillés dans le roc à Amathonte. Le vide intérieur a plus de huit pieds de diamètre.

XXXVIII. Lettre de l'archevêque-prince de Chypre.

*Traduction.*

Très sage et très illustre seigneur Ali Bey,

Nous avons reçu avec beaucoup de joie votre illustre lettre, datée de Lemesso, de laquelle nous avons appris que vous jouissez d'une santé parfaite, selon nos désirs : puisse Dieu vous la conserver très long-temps, avec un bonheur durable, et toutes les prospérités que vous désirez.

Nous avons vu ensuite le mémoire joint à votre lettre, concernant les moyens de détruire les sauterelles, cette plaie funeste de notre île. Nous avons admiré ce mémoire, comme tout ce qui est de vous : il est écrit d'une manière étonnante; nous n'admirons pas moins le zèle et la compassion que vous montrez envers notre malheureuse patrie, quoique nous n'ayons rien fait qui soit digne de votre admirable personne, et que nous n'ayons pas rempli tout notre devoir envers vous. Nous avons vraiment félicité ceux qui ont donné le jour à un tel sage; nous les regardons comme heureux; et nous félicitons ceux qui vont jouir de la présence d'un héros en tout semblable aux anciens Grecs, nos ancêtres. Voilà tout ce que nous avions à vous dire dans cette lettre. Puisse Dieu vous accorder des années aussi longues qu'à Mathusalem! Leucosie, ce 13 mai 1806.

De votre illustre seigneurie,

L'ami le plus dévoué,
L'archevêque de Chypre, CHRYSANTHME.

XXXIX. Plan d'Alexandrie en Égypte.

a. Ville actuelle.
b. Enceinte et ruines de la vieille Alexandrie.
c. Ancienne île du Phare, aujourd'hui réunie au continent.
d. Tour et forteresse turque nommée du Phare.
e. Port du levant, nommé le Nouveau-Port.
f. Port d'occident, nommé le Vieux-Port.
g. Forteresses et fossés construits par les Français.
h. Faubourgs isolés.
i. Jardins.
k. Couvent de moines catholiques.
l. Bain public.

PLANCHES. FIG.

m. Couvent grec où demeurent le patriarche et l'évêque.
n. Les deux obélisques nommés Aiguilles de Cléopâtre.
o. La colonne dite de Pompée.
p. Porte et chemin d'Aboukir et de Rosette.
q. Porte et chemin du Marabout.
r. Les anciennes catacombes royales.
s. Grand nombre de catacombes. Tout cet espace formoit l'ancienne Nécropolis ou ville des morts.
t. El Marabout, nommé Sidi el Gabbàri.
v. Campement d'Ali Bey pendant dix-neuf jours.
x. Lac Maréotis.
z. Mer Méditerranée.
Ce plan d'Alexandrie est celui de Pockoke, rectifié.

XL. Vue d'Alexandrie, prise par Ali Bey de l'endroit où il resta campé pendant dix-neuf jours. On voit la tour du phare à l'extrémité du port du levant; les maisons des consuls, avec leurs pavillons; on découvre derrière la mâture de la flotte du capitan pacha, mouillée dans le port d'occident; les forteresses des Français sur les hauteurs; un des obélisques; la tour ronde; les murailles dégradées de la vieille Alexandrie, et la colonne de Pompée dans le lointain.

XLI. 1. Obélisque de Cléopâtre.
2. Colonne de Pompée.

XLII. Plan des catacombes royales d'Alexandrie.
Les parties pleines indiquent celles où l'on peut pénétrer; les parties ponctuées indiquent celles qui sont entièrement obstruées par les décombres.

XLIII. Trois profils des catacombes royales, en plus grande échelle sur les lignes ab, cd, ef du plan.
Les échelles de cette planche et de la précédente sont en pieds de Paris.

XLIV. 1. Insecte très abondant dans l'eau des citernes d'Alexandrie, représenté de grandeur naturelle.
2. Le même insecte tel qu'il paroît vu au microscope.
3. Djerboa d'Égypte, représenté aux deux tiers de sa grosseur naturelle.
4. Poisson volant de la mer d'Alexandrie, d'un quart de sa grandeur naturelle.
5. Insecte abondant dans l'eau à Djedda en Arabie, grandeur naturelle.
6. Le même insecte vu au microscope.

XLV. Vue de la ville de Rahmanieh, sur la gauche du Nil.

XLVI. 1. Colombiers. Il y a en Égypte des villages entiers composés de colombiers semblables.
2. Vue de Djizé et des Pyramides, sur la gauche du Nil. On découvre l'extrémité sud de l'île de Roudda, avec l'édifice où est établi le Mikkias ou Nilomètre.

PLANCHES. FIG.

34. Cinq cellules ou maisonnettes, dans chacune desquelles est logé un moine ou anachorète, qui ne sort jamais.
35. Cellules où s'asseyent quelques docteurs de la loi pour répondre aux consultations qu'on leur fait sur les affaires particulières.
36. Lieux d'aisance.
37. Arcades sur des colonnes.
38. Huit larges escaliers pour descendre du Sahhara dans la grande cour.

*El Aksa.*

39. Sidna Omar ou lieu de prières de ce khaliphe.
40. Beb Arrahma ou porte de la Miséricorde.
41. Sidna Aziza ou lieu de Christ, et sacristie.
42. Cœur en bois pour les chanteurs.
43. El Monbar ou tribune du prédicateur pour les vendredis.
*. Pilier octogone, nommé de Sidna Omar.
44. Endroit fermé et réservé pour les femmes.
45. Portique de l'Aksa.
46. Escalier qui descend dans les souterrains du temple.
47. Fontaine en marbre, mais sans eau, au milieu de la chaussée qui va de l'Aksa au Sah'ara.
48. Ancien lieu de prières pour le rit hhanbeli.
49. Lieu de prières pour le rit maleki.
50. Lieu actuel de prières pour le rit hhanbeli, et l'Aksa pour le rit schaffi.
    Le Sahhara est le lieu de prières pour le rit hhanefi, et l'Aksa pour le rit schaffi.
51. Tombeau du saint Sidi Mohamed el Hhalili.
52. Mosquée ou lieu de prières pour les Mogrebins ou Occidentaux.
53. Escalier qui conduit au souterrain où le Prophète mit pied à terre en descendant d'el Borak, la nuit qu'il vint de la Mecque.
54. El Sirat, ouverture à la partie supérieure de la muraille sur le torrent de Cédron, où se trouve invisiblement le pont qui mène au Paradis.
55. Lieu du trône de Salomon.
56. Beb Arrahma ou porte de la Miséricorde.
57. Gobbat Sidna Moussa ou de Moïse.
58. Petit pavillon où il y a un morceau de la roche du Sahhara.
59. Les quatre minarets.
60. Portiques d'arcades sur lesquelles étoient les écoles anciennement.
61. Partie ruinée.
62. Maisons d'habitation pour certains employés du temple.
63. El Mehkemé ou tribunal et maison où demeure le cadi de Jérusalem.
64. El Seraia ou maison du gouverneur de la ville.

PLANCHES. FIG.

65. Mosquée du saint Sidi Abdelkader, où fut logé Ali Bey pendant sa résidence à Jérusalem.
66. Porte de la ville, nommée Beb Meriam ou de Marie, et par où l'on descend au torrent de Cédron.
67. Murailles de la ville.
a. El Mehereb dans l'Aksa. C'est là qu'on fait les prières journalières.
b. El Mehereb, sur la plate-forme du Sahhara, pour la prière pascale.
c. Cinq petites plate-formes, élevées de trois à quatre pieds, pour faire la prière.
d. Lieu fermé par une grille. On croit que c'est l'endroit où la vierge Marie présenta son enfant Jésus.
e. Creux dans la roche du Sahhara. La tradition musulmane est que les chrétiens coupèrent la partie qui le remplissoit; mais que, rendue invisible à leurs yeux, les fidèles croyans la trouvèrent divisé en deux morceaux, qui sont conservés dans les deux cobbas ou maisonnettes marquées 27 et 58.
68. ... de la cave du Sahhara Allah.
f. Esc... pour descendre dans la cave.
g. ...ti fronton nommé Makam Souliman ou lieu de Salomon.
h. ...nté fronton nommé Makam Daroud ou lieu de David.
i. Niche n... nommé Makam Ibrahim ou lieu d'Abraham.
k. ...rafin ...mmé Makam Djibrila ou lieu de Gabriel.
l. Autre ...hin nommé Makam el Hhider ou lieu d'Elie.
m. ...on fait ses prières à tous ces lieux.
n. ...ure du toit de la cave se trouve la lucarne ou ouverture, marquée n° 47 ... la roche.
p. Citernes où l'on conserve l'eau des pluies que les porteurs fournissent aux habitants.

L'Aksa est en pieds de Paris.

XXII. Profil du même temple sur la ligne AB du plan.

Dans l'Aksa on voit le Mehereb, le Monbar, le chœur des chanteurs, la grille qui ferme le lieu de la présentation. La belle coupole est couverte d'arabesques en or, et soutenue par des colonnes d'ordre composite en très beau marbre. La nef est et soutenue par des piliers en forme de colonnes, sans proportion d'architecture, et dont les chapiteaux sont en tôle ou feuilles de fer. Une grosse poutre passe d'une colonne à l'autre. Il y a un monstrueux pilier octogone nommé pilier d'Omar.

En sortant de l'Aksa par le portique, on voit la galerie qui est à côté, quelques arbres dans la cour, une des petites plate-formes où l'on fait la prière, la fontaine qui est au milieu de la chaussée, et une partie de la galerie ruinée.

Un grand escalier conduit sur la grande plate-forme du Sahhara, où sont les arcs sur des colonnes au haut de l'escalier, le Monbar pour les jours de Pâque, le parapet ou garde-fou qui entoure la plate-forme. De là on traverse un por-

...nique de colonnes, et on entre dans la grande coupole, soutenue par des pilastres et des colonnes superbes du plus beau marbre, à chapiteaux dorés.

On voit dans la roche sacrée Sakhara Allah le creux formé par le chrétiens; sur l'angle de la roche, une guérite en fil d'or couvre l'empreinte du pied du Prophète; et dans l'intérieur la niche ou lieu d'Abraham, et le gradin duquel est entourée une espèce de pavillon en bois, au-dessus duquel est suspendue une grande grille dorée entoure ce lieu; la coupole et les poutres entre les colonnes sont couvertes d'arabesques en or.

En sortant de l'édifice, on aperçoit la maisonnette qui renferme un morceau de la roche du Sakhara, la petite coupole de Christ, la coupe de deux citernes, les arcs sur colonnes qui sont au haut d'un des escaliers, une des maisonnettes ou cellules des anachorètes; on passe ensuite sous un frontispice d'arc sur colonnes, et on descend l'escalier.

On continue à voir la grande galerie, avec les anciennes écoles au-dessus, la roche du Sakhara, une autre petite plate-forme où l'on fait la prière, plusieurs portes du temple, et trois minarets.

L'échelle est en pieds de Paris.

PLANCHES. FIG.

**LXXX.** 1. Arc de triomphe et belle chaussée ancienne sur le mont Taurus.

2. Ciarrettes de Caramanie.

3. Baraques suspendues, dont Ali Bey a vu un village entier en Caramanie.

4. Baraques des bergers turcomans.

**LXXXI.** Vue du rocher et du château d'Asiom Karaïsar, dans l'Asie mineure.

**LXXXII.** Plan de la mosquée et chapelle du saint Eyoub, disciple du Prophète et patron de Constantinople. C'est là qu'on ceint le sabre aux nouveaux sultans, cérémonie qui équivaut au couronnement des monarques en Europe. Jamais aucun chrétien n'a pu pénétrer dans ce temple. Le dessin, donné par le savant M. Obsson dans son Tableau de l'empire ottoman, ne représente que la chapelle du tombeau.

a. Portes du temple.

b. Galeries.

c. Cour.

d. Deux grands arbres.

e. Corps principal de la mosquée.

f. Mehereïb.

g. Moubar.

h. Tribune du sultan. Dans toutes les autres mosquées la tribune du sultan est au côté opposé.

i. Antichambre du Sépulcre.

m. Grand sofa.

n. Tombeau du saint Eyoub.

o. Puits d'eau bénite.

p. Niche où on révère une empreinte du pied du Prophète.

q. Porte subalterne.

PLANCHES. FIG.

**LXXXIII.** Monument ancien dans le sérail du Grand-Seigneur à Constantinople. Jamais aucun Européen n'avoit pu pénétrer dans ce lieu. Nous devons ce dessin à S. Exc. M. le marquis d'Almenara, ambassadeur de Sa Majesté Catholique à Constantinople, qui, lors de l'attaque des Anglais en 1800, entra dans le sérail.

Carte géographique de l'île de Chypre, dans laquelle sont marquées les routes d'Ali Bey à Cythère, Idalie, Paphos, et Amathonte. Cette carte a été dressée par Ali Bey, d'après ses propres observations astronomiques, les estimes de ses routes, et ses recherches.

Carte géographique du royaume de Maroc, dressée par Ali Bey sur ses propres observations astronomiques, ses estimes des routes, et ses recherches. Nous conservons neuf grandes cartes soutières et une carte trigonométrique d'Ali Bey, qui lui ont servi à la confection de cette carte géographique.

Carte géographique de l'Afrique septentrionale, dressée par M. le major Rennell, et augmentée de la mer intérieure, nommée *Bahhar Soudan*, et de l'indication de l'ancienne île Atlantide, d'après les théories et les recherches d'Ali Bey.

Carte géographique de la côte d'Arabie, sur la mer Rouge, comprenant la route d'Ali Bey du Caire à la Mecque, et construite par le même voyageur sur ses propres observations astronomiques, ses estimes des routes, et ses recherches.

Carte routière du voyage d'Ali Bey du Caire à Constantinople, à travers le désert d'Egypte, la Syrie et l'Asie mineure, par lui dressée d'après ses propres observations et ses recherches.

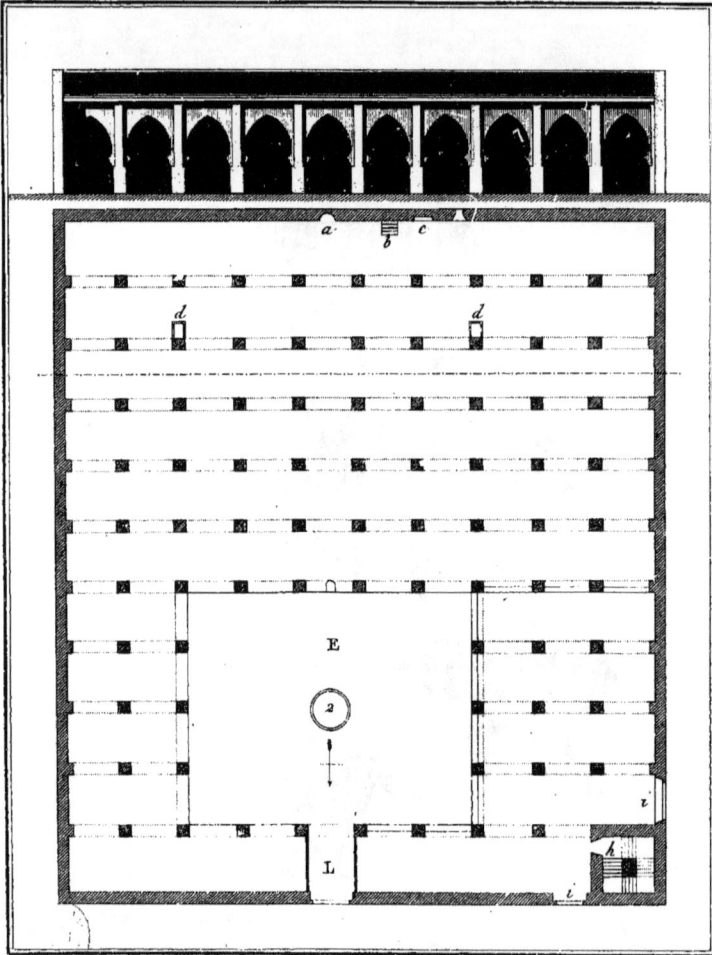

Adam sculp.

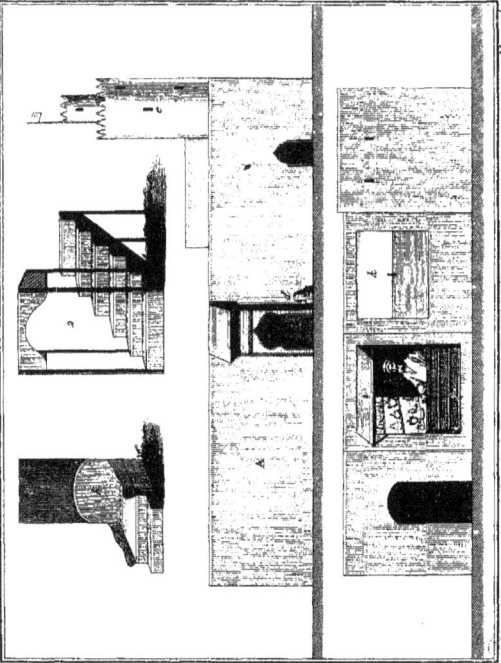

IV.

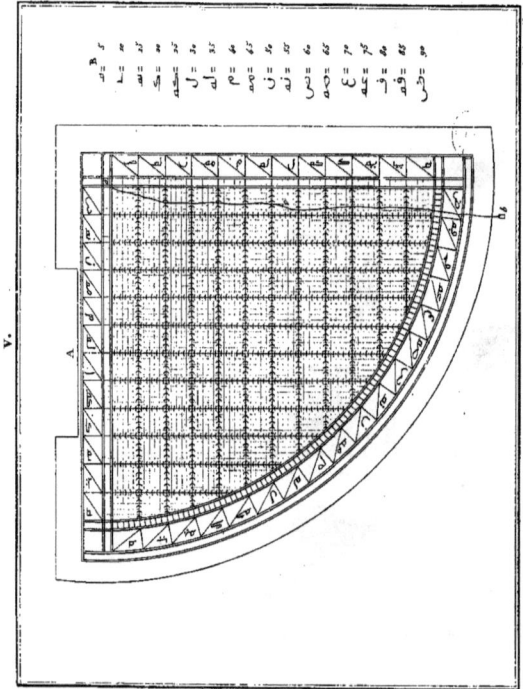

لا إله إلا الله محمد رسول الله صلى الله عليه وسلم

بسم الله الرحمن الرحيم

⊙

VII.

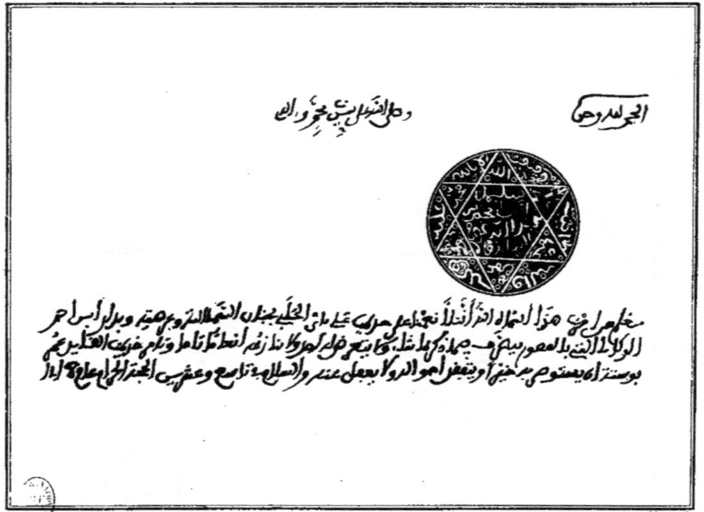


Adam sculp.

VIII.

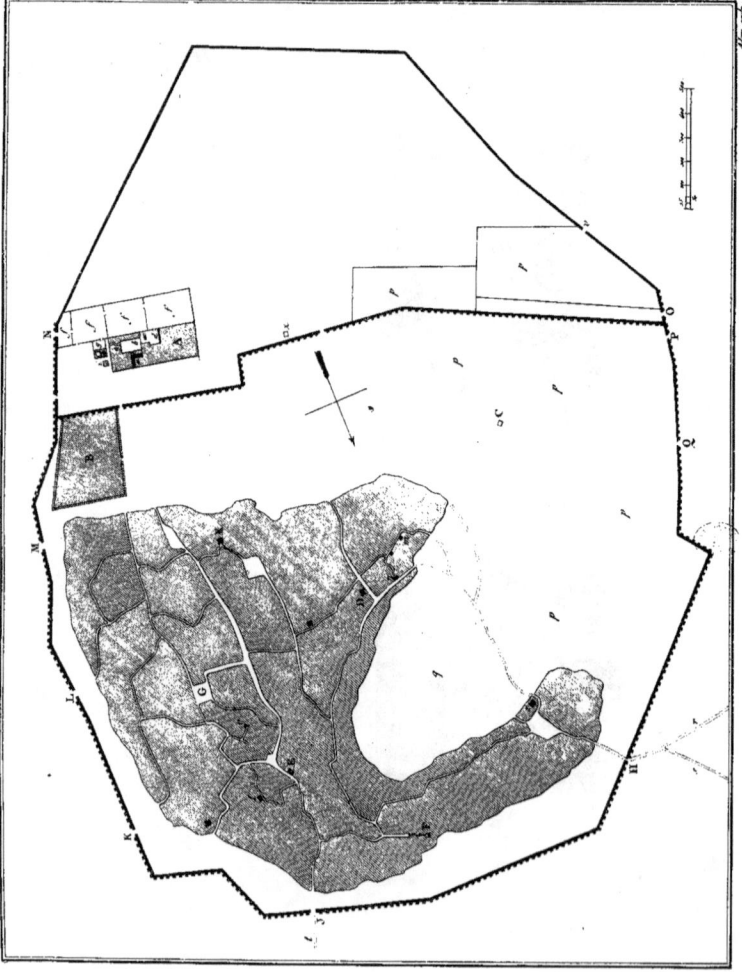

هذه نسبة مولاي سليمان بن سيدي محمد سلطان الغرب

| | | | | |
|---|---|---|---|---|
| ⁵ ابن مولاي الشريف | ⁴ ابن مولاي اسماعيل | ³ ابن مولاي عبد الله | ² ابن مولاي محمد | ¹ مولاي سليمان |
| ¹⁰ ابن مولاي علي | ⁹ ابن مولاي يوسف | ⁸ ابن مولاي علي | ⁷ ابن مولاي محمد | ⁶ ابن مولاي علي |
| ¹⁵ ابن مولاي محمد | ¹⁴ ابن مولاي القاسم | ¹³ ابن مولاي الحسن | ¹² ابن مولاي محمد | ¹¹ ابن مولاي الحسن |
| ²⁰ ابن مولاي محمد | ¹⁹ ابن مولاي عبد الله | ¹⁸ ابن مولاي الحسن | ¹⁷ ابن مولاي محمد | ¹⁶ ابن مولاي ابي القاسم محمد |
| ²⁵ ابن مولاي احمد | ²⁴ ابن مولاي الحسن | ²³ ابن مولاي ابي بكر | ²² ابن مولاي الحسن | ²¹ ابن مولاي عرفات |
| ³⁰ ابن مولاي لحسن المثنى | ²⁹ ابن مولاي عبد الله الكامل | ²⁸ ابن مولاي محمد | ²⁷ ابن مولاي القاسم | ²⁶ ابن مولاي اسماعيل |

| | | |
|---|---|---|
| ³³ بنت سيدنا رسول الله صلى الله عليه وعلى آله وصحبه وسلم تسليما | ³² وابن بنتنا فاطمة الزهري ابن سيدنا علي بن ابي طالب | ³¹ ابن سيدنا الحسن السبط |

| | |
|---|---|
| قلادة تعانقوها الجوزاء | نسب نحسب العلى جلاله |

Adam sculp.

**XII.**

Adam sculp.

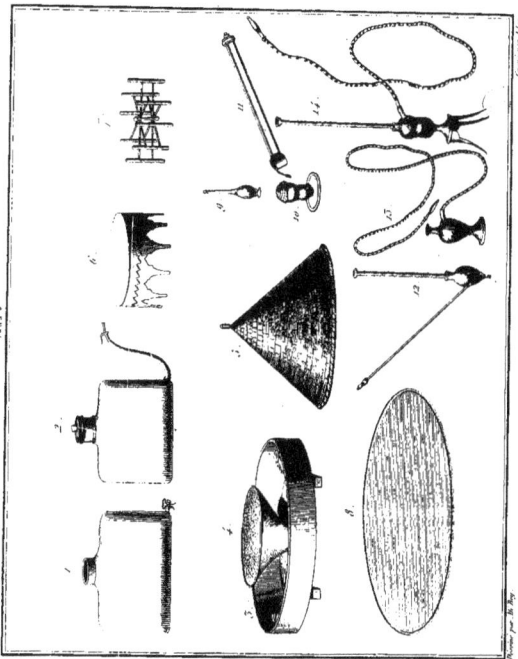

Pl. XIV.

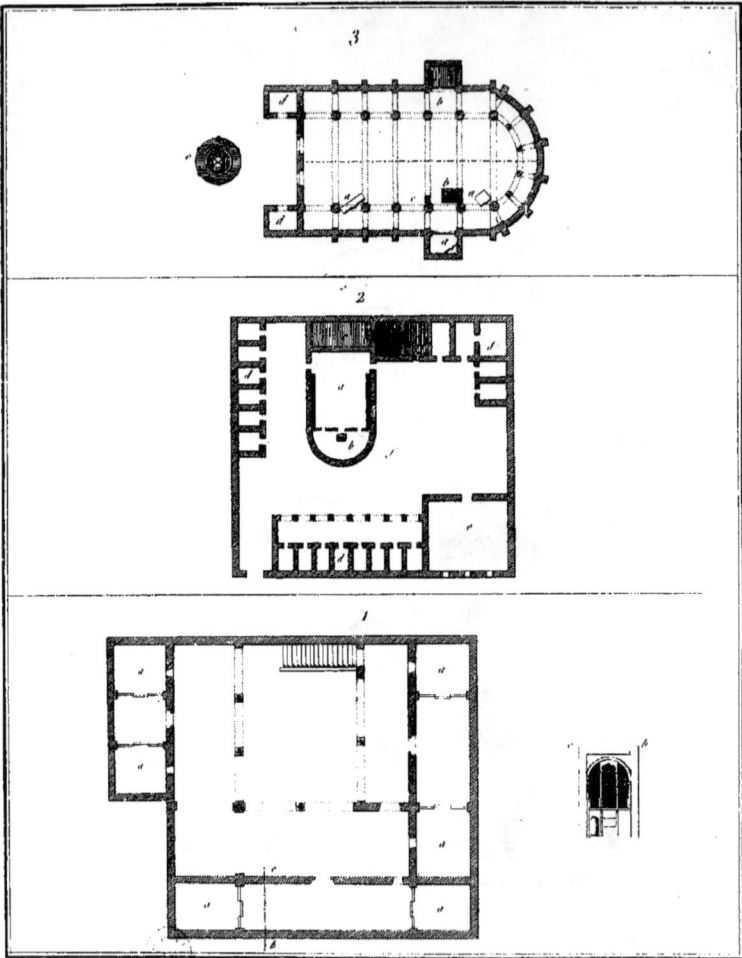

*Gravé par Adam.*

2

1

Dessiné par Ali Bey.                    Gravé par Adam

IMP. CÆS. AVRELIO. ANTONINO. AVG. ET IMP.CÆS.L. AVRELIO.

VERO. ARMENIACO.AVG. SER. CO     S. ORFITVS.PROCOS. CVM.

VTTEDIO.MARCELLO.LEG.SVC.DEDICAVIT. CALPVRNIVS. CELSVS

CVRATOR.MVNERIS.PVP.MVNERARIVS.IIVIR.QQ.FLAMEN.PERPETVS

ARCV         MARMORE. SOLIDO. FECIT.

AVG·SVF

DIS MANI
BVS MIO
MAMIO
SEVERO
PIISSIMO

DOMINAE·ROCA
TAE·  VIXIT
ANNIS·XXIII·
M·NLIVS·
CETHEGVS·
THVSSAAE·VXORI·
CARISSIMAE·FECIT

D · M
L · CL
PERPE
TVI PRO
BATI.
VIXANN·
XX.

VFVSCOSPON
DESIAE·DA MA
COLONIAE
CVM·OBA

Q·POMPONI
PRO·PR·PROVI

IMP. CÆS. AVRELIO. ANTONIN... AVG·ET·IMP·CÆS·L·AVRELIO·

VERO . ARMENIACO·AVG· SER. CO    S· ORFITVS·PROCOS·CVM·

VTTEDIO·MARCELLO·LEG·SVC·DEDICAVIT· CALPVRNIVS. CELSVS·

CVRATOR·MVNERIS·PVP·MVNERARIVS·IIIVIR·QQ·FLAMEN·PERPETVS·

ARCV        MARMORE·SOLIDO·FECIT·

D . M
L . CL
PERPE
TVI PRO
BATI.
VIXANN·
XX·

ONΠΛIΛAM
KΛWΓENOMΘIPWΓ·ΠAΛAAMΣIMBΣI
ΛIKΛIΛΦΣNΣNΣΛNYKTΛIΠΣRΛĊΛI

DOMINAE·ROCA
TAE· VIXIT
ANNIS·XXIII·
M· IVLIVS·
CETHEGVS·
THIVSAAEVXORI·
CARISSIMAE·FECI

SPLVSRETROSABANT·FIL·
QVODOPERE·SICANINO·PATER·
ĊERAE·SIBPOSTERISQ·SVIS·
ITIE·JAFVNDAMENTIGERE·XI3·
HSI·xxx· MIIII·B·N·

AVG·SVFF
xSo· x+xɔɔɔʃ<ʃ ɔ

DIS MANI
BVS MIO
MAMIO
SEVERO
PIISSIMO

SARI·DIVI
MAX·TRIB
COLONIAEV
CVΛ·OBNΛ

Ω·TΩ·ΩΓΛ
ΩNOĊΛ
ΣIĊ·ΨΥ
VĊΛΣ·PΣP

VFVSCOSPONTI
DESIAEDAI·MAT

Q·POMPONII
PROPR·PROV IN

!ÆS. AVRELIO. ANTONINO. AVG. ET. IMP. CÆS. L. AVRELIO.

). ARMENIACO. AVG. SER. CO       S. ORFITVS. PROCOS. CVM.

DIO. MARCELLO. LEG. SVC. DEDICAVIT. CALPVRNIVS. CELSVS.

TOR. MVNERIS. PVP. MVNERARIVS. IIVIR. QQ. FLAMEN. PERPETVS.

MARMORE. SOLIDO. FECIT.

M
CL
PE
PRO
TI.
ANN.
X.

ON ITAIAAM
KAWICΓNOMⲰIPⲨAF ITAIAAMεIMBεI
ⲤAIKAIAⲪⲤεNεNⲤANYΚTAIεⲧⲢAⲤAⲨ

DOMINAE·ROCA
TAE·  VIXIT
ANNIS·XXIII·
M·IVLIVS·
CETHEGVS
THYSSAAEVXORI
CARISSIMAE·FECIT

SPLVSRETROGABANT·FIL·
QVODOFERE·SICATINO·PATER
CERAF·SIBHPOSSERISQ·SVIS·
LIFE·IAFVNDAMENTOFREXI3·
HF51xxx  MIII·B·N·

AVG·SVFF
x5·ↄ·4x9·ↄV·5x5·)

DIS MANI
BVS  MIO
MA MIO
SEVERO
PIISSIMO

ⲰⲤⲦⲠⲰⲤⲂⲁ
ⲰⲚOⲤⲀΓ
εIⲤ·ΨΨ
VεMεPεⲡ

VFVSCOSPONT·SC
DESIAEDAIMAT·III
COLONIAEVIRIAI·TR
CVM·ORNAMENT

Q·POMPONIVS
PRO·PR·PROVINC·

SARI·DIVINFRV
MA·TRIBPOFAIII
COLONIAEVIRIAI·TR
CVM·ORNAMENT

Dessiné par M. Rey.

Gravé par Allais.

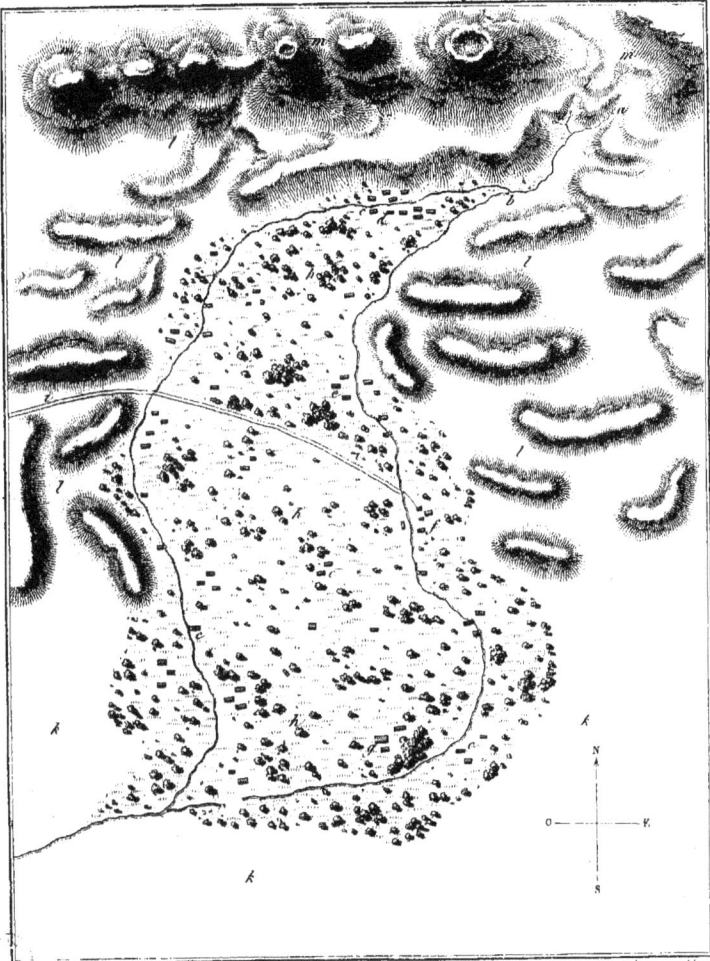

Dessine par Mr Rey.                                          Grave par Adam.

Dessiné par Mr. Roux.

Gravé par Adam.

Dessiné par H. Roy                    Gravé par Salmon

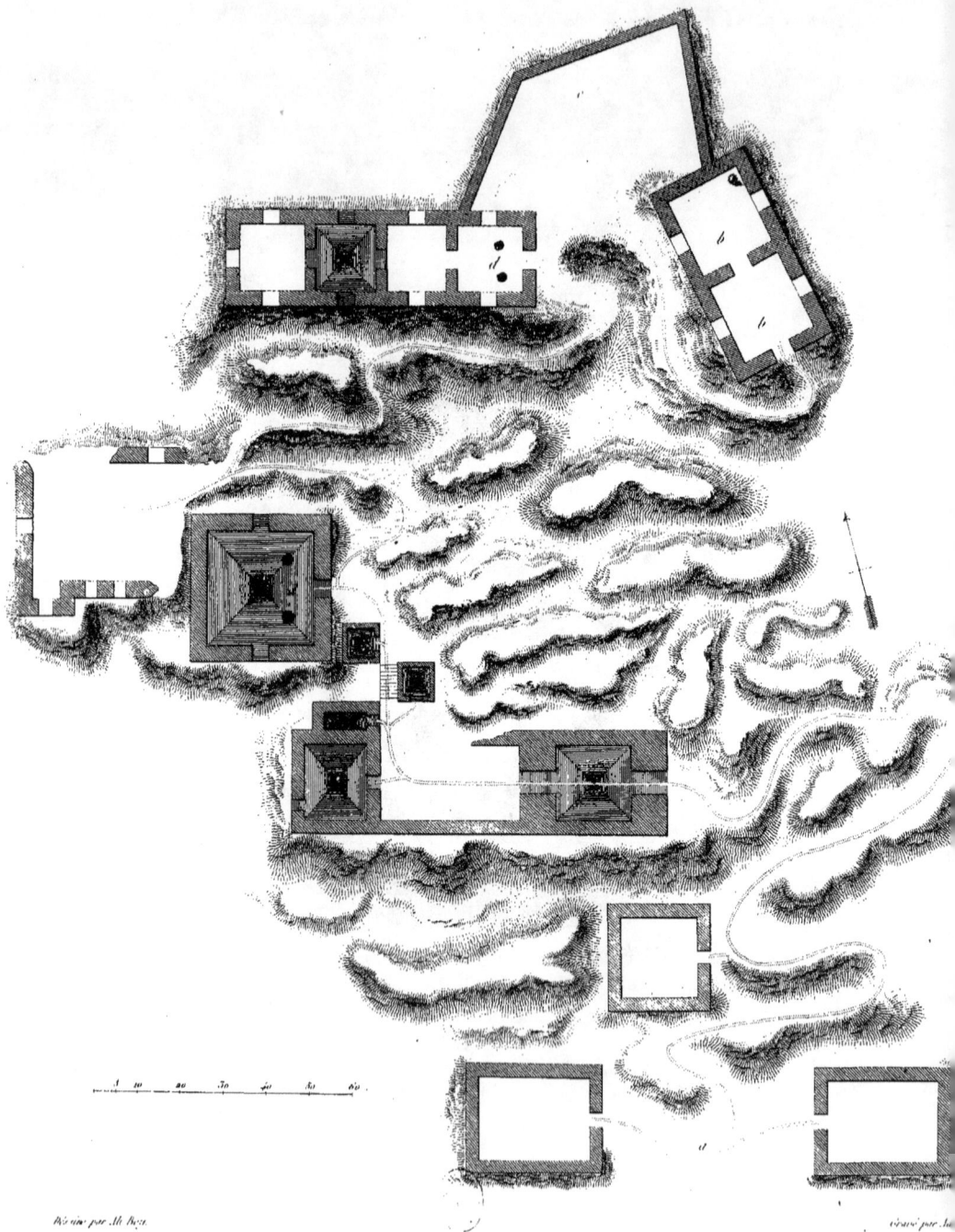

Dessiné par Alem.

Gravé par Alem.

*Déssiné par Ali Bey.*　　　　　　　　　　　*Gravé par Adam.*

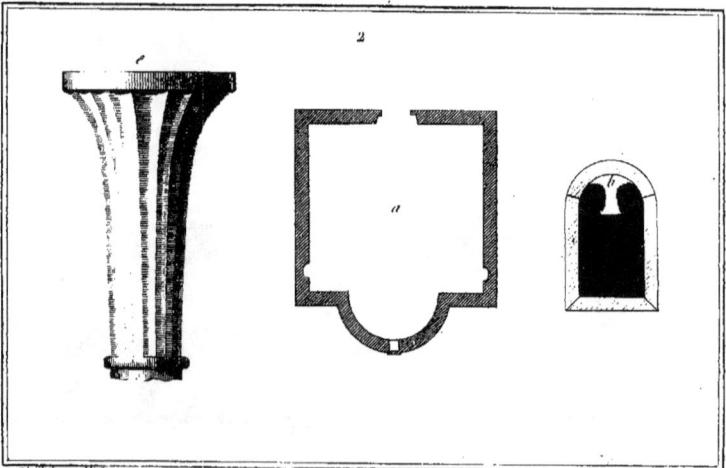

Dessiné par Mr Roy.          Gravé par Adam.

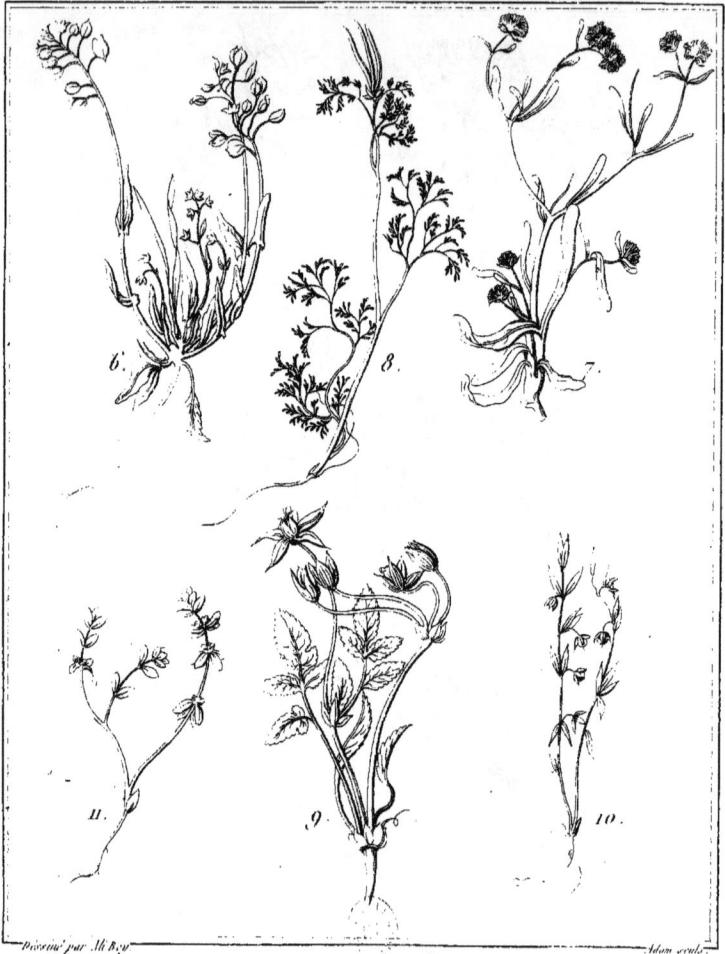

6. 8. 7.

11. 9. 10.

Dessiné par Mlle Rey

Adam sculp.

1

2

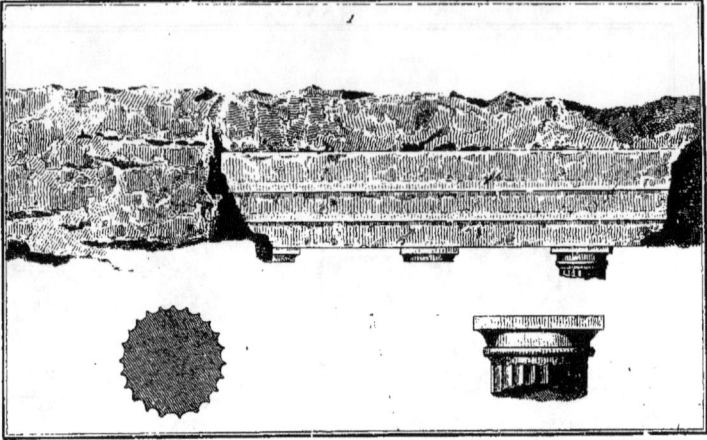

Dessiné par Ali Bey.          Gravé par Adam.

XXXI.

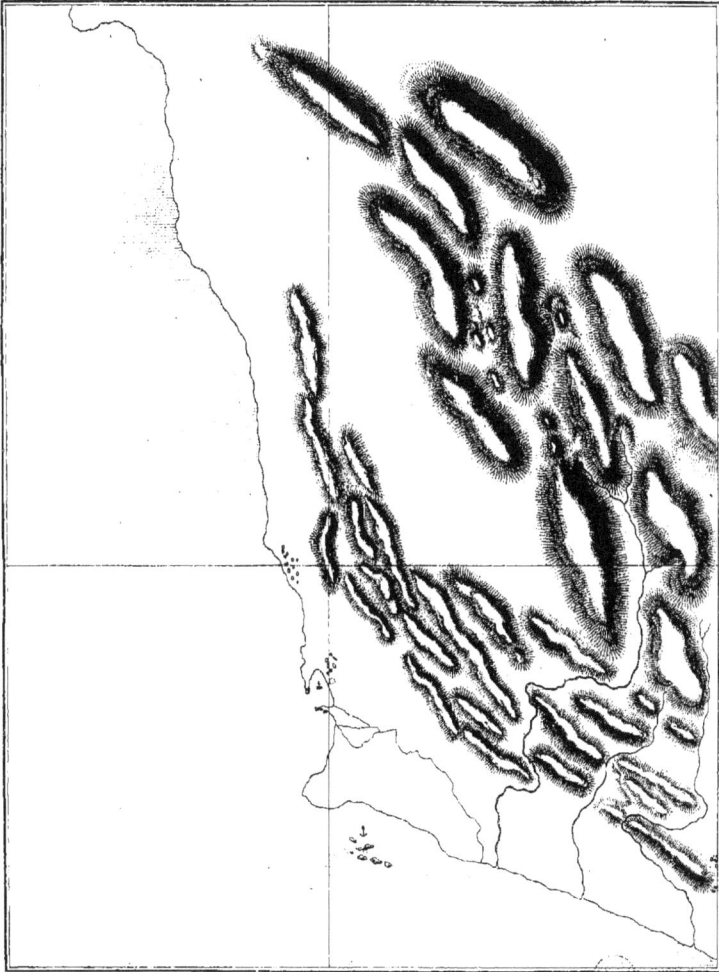

Dessiné par Mr Roy.                    Gravé par Allais.

XXXIV.

Dessiné par Ali Bey                                                                      Gravé par Adam

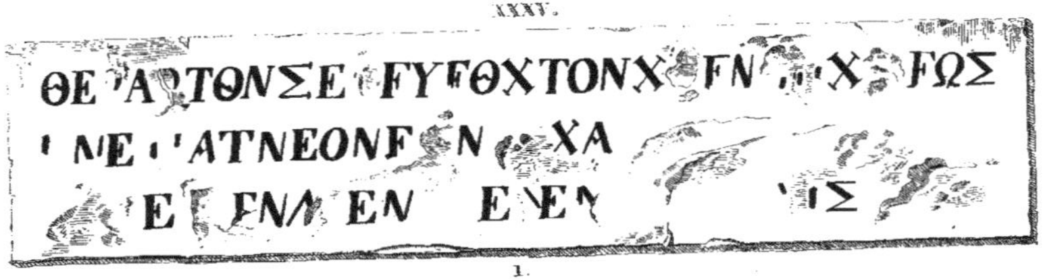

ΘΕΑΤΩΝΣΕΓΥΓΘΧΤΟΝΧ̇ΓΝ⸳⸳Χ⸳Χ⸳ΓΩΣ
⸳ΝΕ⸳⸳ΑΤΝΕΟΝΓ⸳Ν⸳⸳ΧΑ
⸳Ε⸳ΓΝ⸳ΕΝ⸳ΕΝ⸳⸳⸳Σ

1.

ΑΘΜΚΙΟΣΟΥ⸳Ι ΙΙΣΛ
ΛΙΟΣΚΑΛ⸳ΛΙΝΙΚΟΣ
ΓΠΝΑΝΑΒΑΣΙΝΓΑΥ
ΓΠΝΣΥΝ⸳ΠΑΥΚΙΛΙ
ΕΥΤΟΥΙΝΟΥΚΑΤΕ⸳ΚΕΥ
ΑΣΙΝ⸳⸳

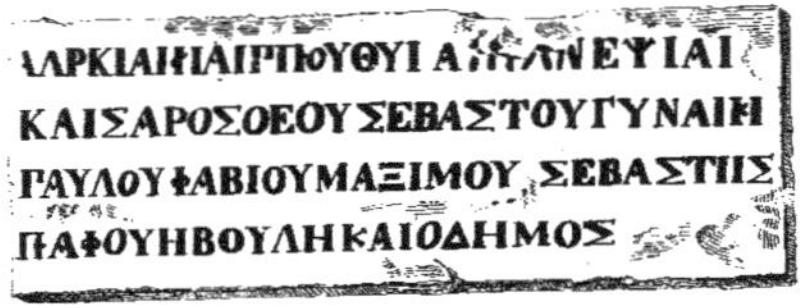

2.

⸳ΛΑΡΚΛΑΗΙΑΙΡΠΟΥΘΥΙΑ⸳⸳⸳ΤΝΕΥΙΑΙ
ΚΑΙΣΑΡΟΣΘΕΟΥΣΕΒΑΣΤΟΥΓΥΝΑΙΗ
ΓΑΥΛΟΥΦΑΒΙΟΥΜΑΞΙΜΟΥΣΕΒΑΣΤΙΣ
ΠΑΦΟΥΗΒΟΥΛΗΚΑΙΟΔΗΜΟΣ

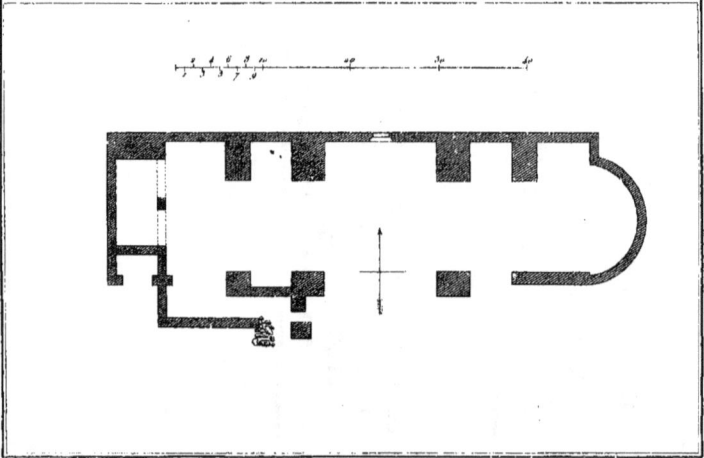

Dessiné par Ali Bey.                                        Gravé par Scholl.

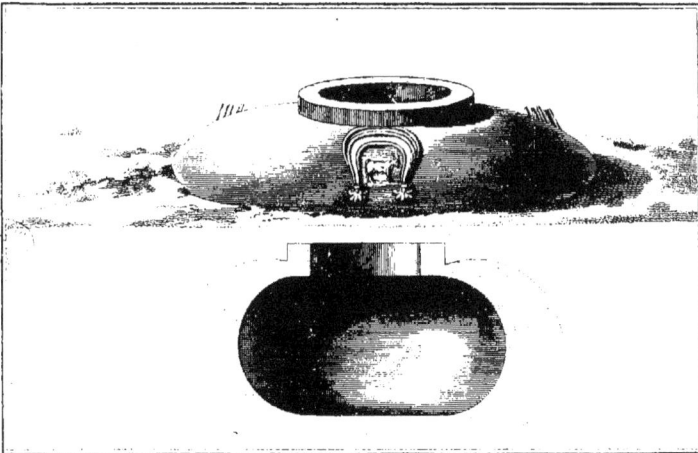

XXXVII.

Dessiné par Ali Bey.          Gravé par Adam.

Σοφώΐαΐε καὶ Ε'κλαμπρόΐαΐε Κύριε ’Αλί Μπεΐ.

Ἐλάβομεν περιχαρῶς τὸ ἔκλαμπρον αὐΐῆς γράμμα, γεγραμμένον ἀπὸ Λεμεσοῦ, ἐξ οὐ τὴν ἐφεΐὴν ἡμῖν ὑγιείαν της ὑπερεχάρημεν, ἣν εἴθε τὸ θεῖον νὰ τῆς χαρίΐη μακρόβιον, μὲ ἀγαθὴν στερέωσιν, καὶ τῶν ὅσων ἐφίεΐαι σωΐηρίων καταθυμίων. Εἴδομεν ἐπομένως καὶ τὴν ἐμπεριεχομένην καταγραφὴν περὶ τοῦ πῶς δεῖ ἀφανίσαι τὴν ἀκρίδα, τὴν φθοροποιὸν πληγὴν τῆς νήσου μας. Ταύτην δὲ πρὸς τοῖς ἄλλοις σου ἐθαυμάσαμεν ὑπερφυῶς φιλοπονηθεῖσαν, ἔΐι δὲ καὶ τὸν ζῆλον ὁποῦ ἐλάβεΐε, συμπονούμενοι αὐΐὴν τὴν δυσΐυχῆ μας παΐρίδα, καί τοι ἡμεῖς οὐδὲν ἀνΐάξιον ποιήσανΐες τοῦ ἀξιαγάστου ὑποκειμένου της, οὐδὲ ἀφοσιωσάμενοι ὅσον ὠφείλαμεν. Ἐμακαρίσαμεν ἀληθῶς τοὺς γεννήσανΐας ἕνα τοιοῦτον σοφὸν ἄνδρα, εὐδαιμονίσαμεν τοὺς γεννήσανΐας, συγχαίρομεν δὲ τοῖς μέλλουσιν ἀπολαῦσαι ἕνα ἥρωα καΐὰ πάνΐα ὅμοιον τοῖς προγόνοις ἡμῶν Ἕλλησιν. Ταῦΐα ἐν τούΐῳ. τὰ δὲ ἔτη της εἴησαν θεόθεν μαθουσάλια.

Ε'κ τῆς Λευκοσίας, 1806, Μαΐου 13:

τῆς Ε'κλαμπρόΐηΐΐός της,

φίλος προθυμόΐαΐος

ὁ Κύπρου Χρύσανθος.

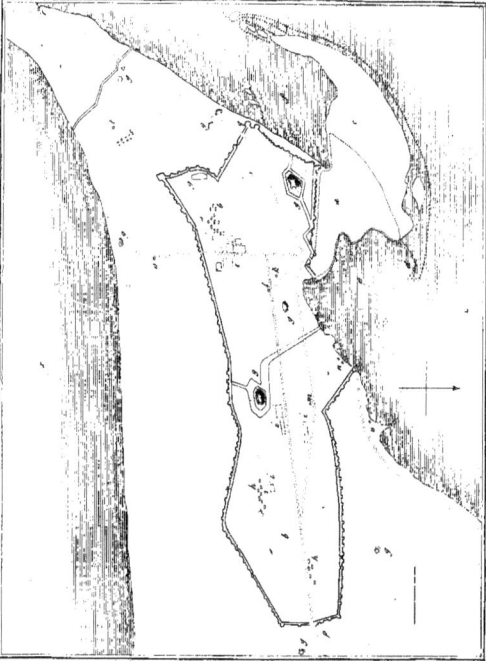

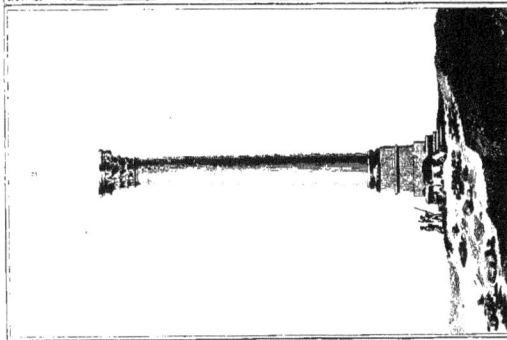

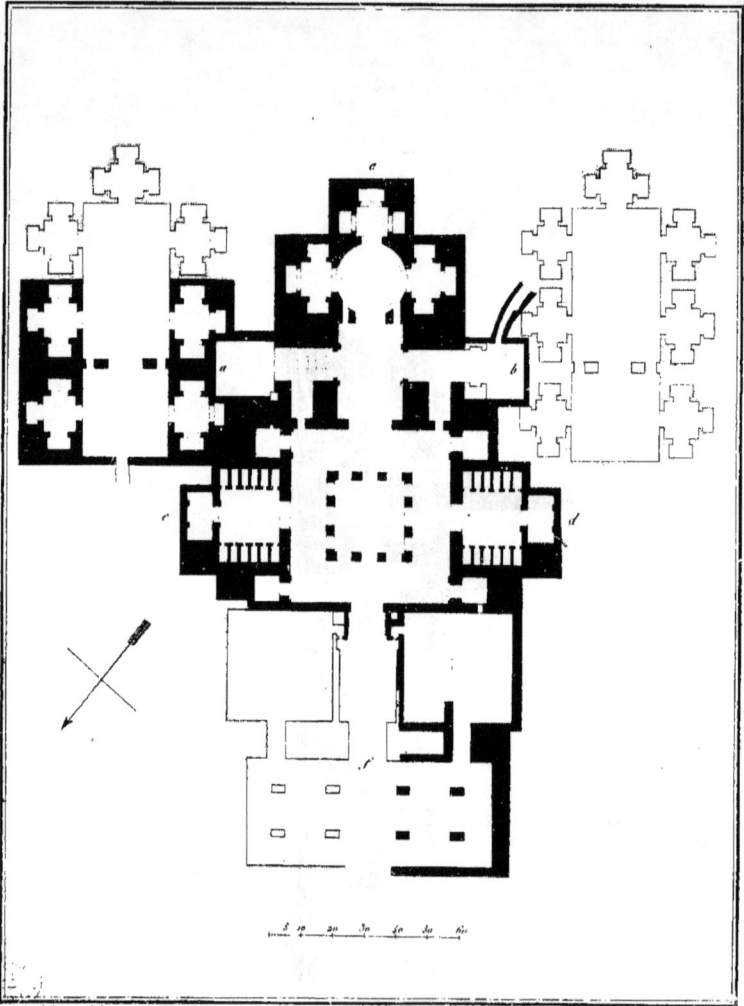

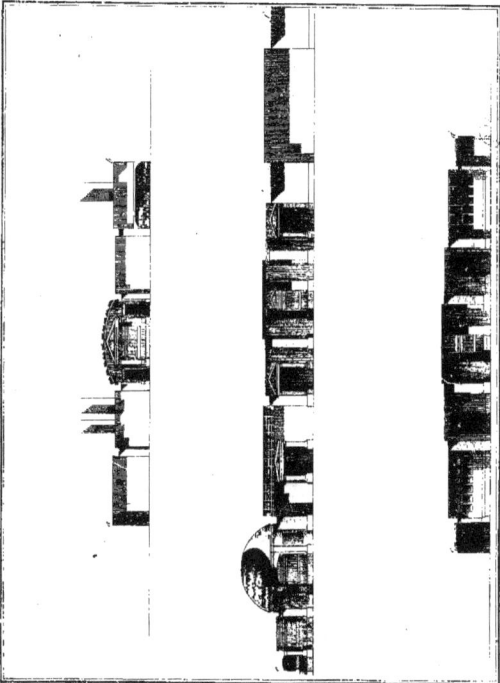

XLV.

Dessiné par H. Rey.

Gravé par Klein.

Dessiné par Ali Bey.

Gravé par Adam.

*3*

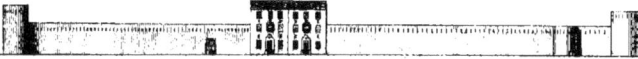

*2*

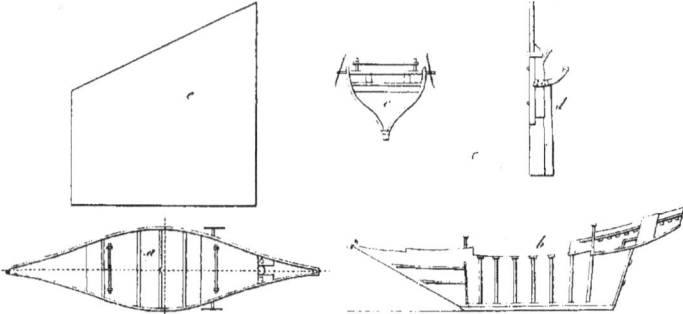

*1*

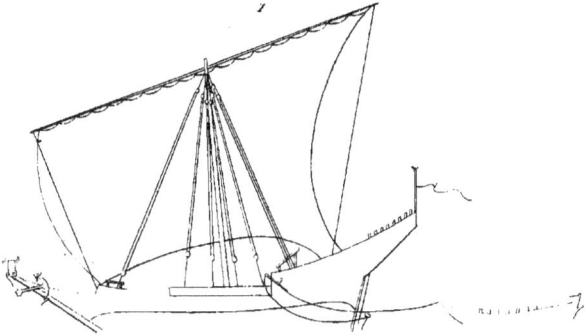

Gravé par Adam

Dessiné par Mr Huy.    Gravé par Adam.

Dessiné par M. Rey. Gravé par Adam.

Dessiné par Mr Roy.

Gravé par Adam.

Dessiné par Ad. Roy.

Gravé par Lavieille.

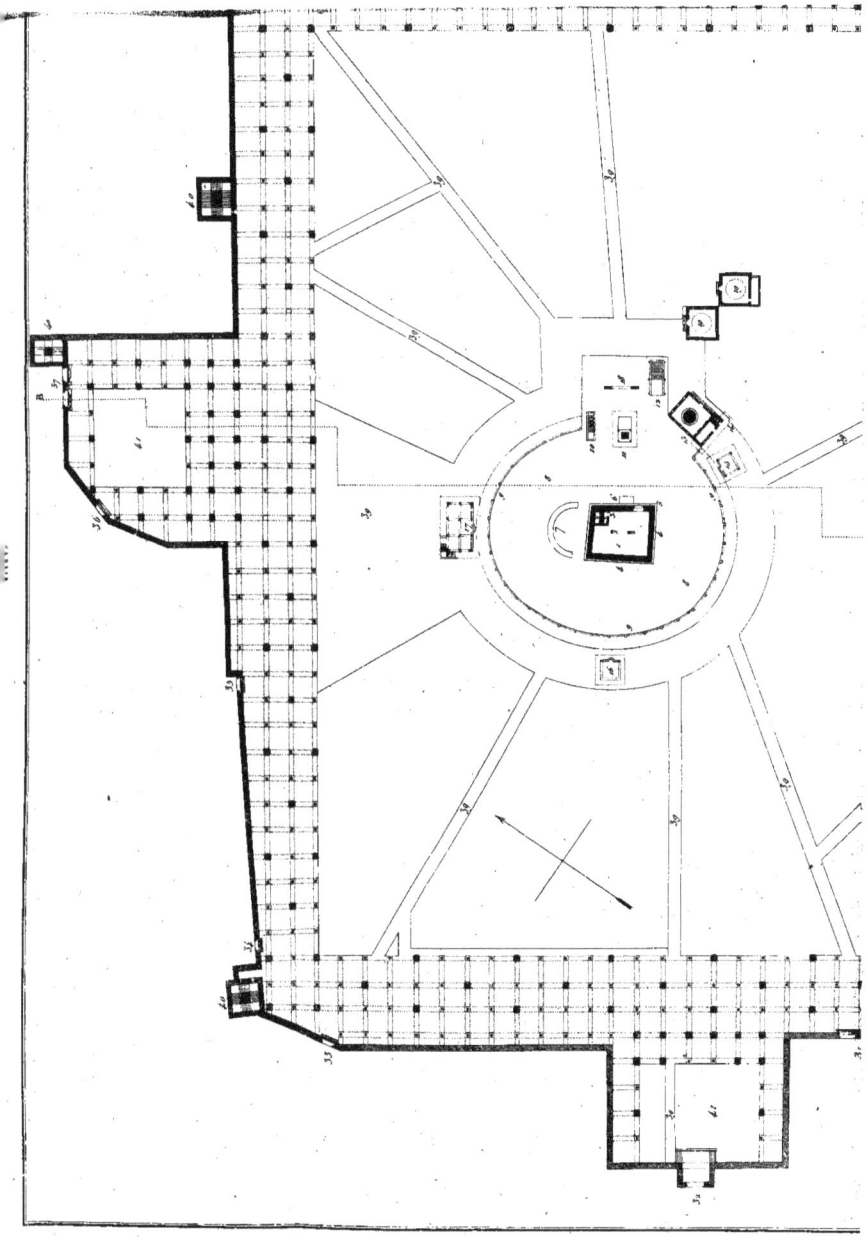

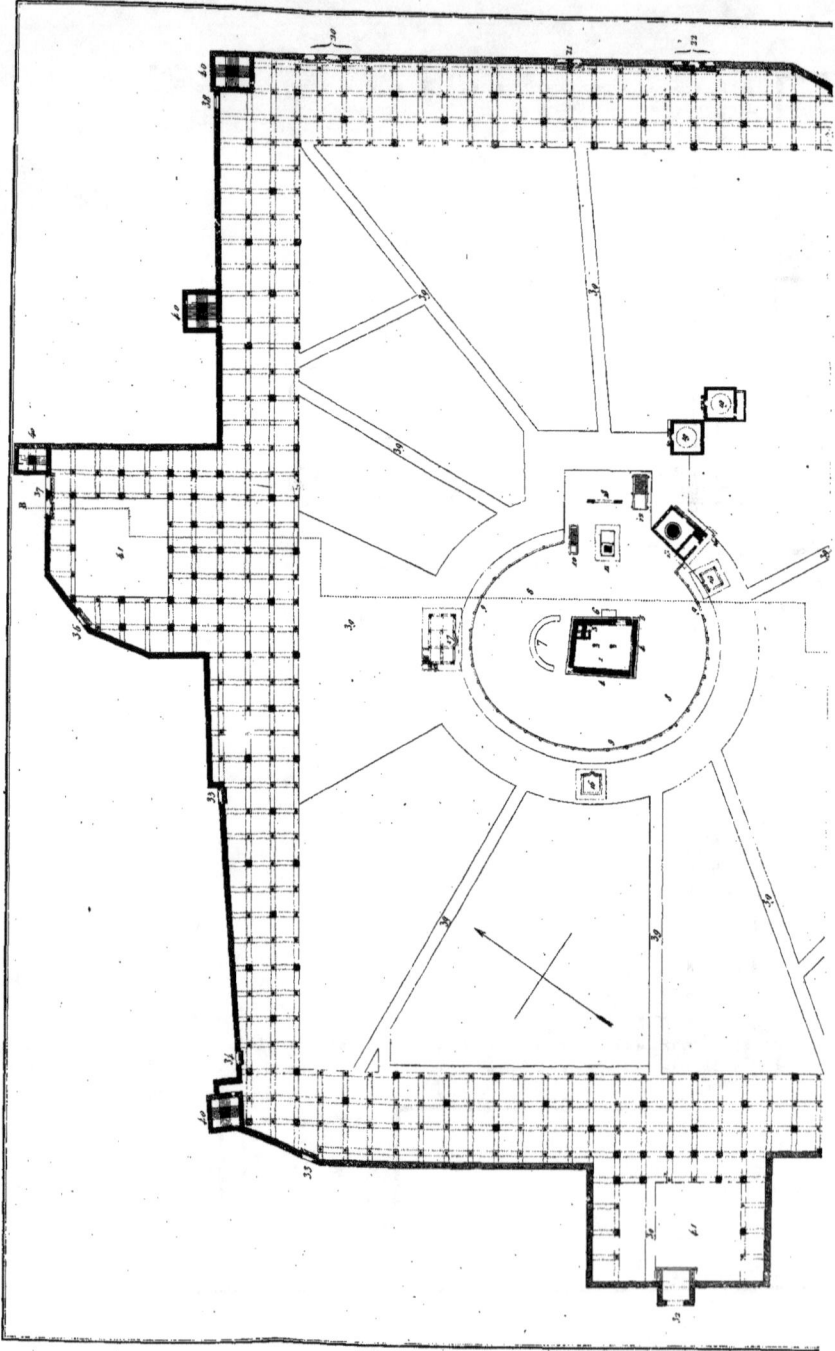

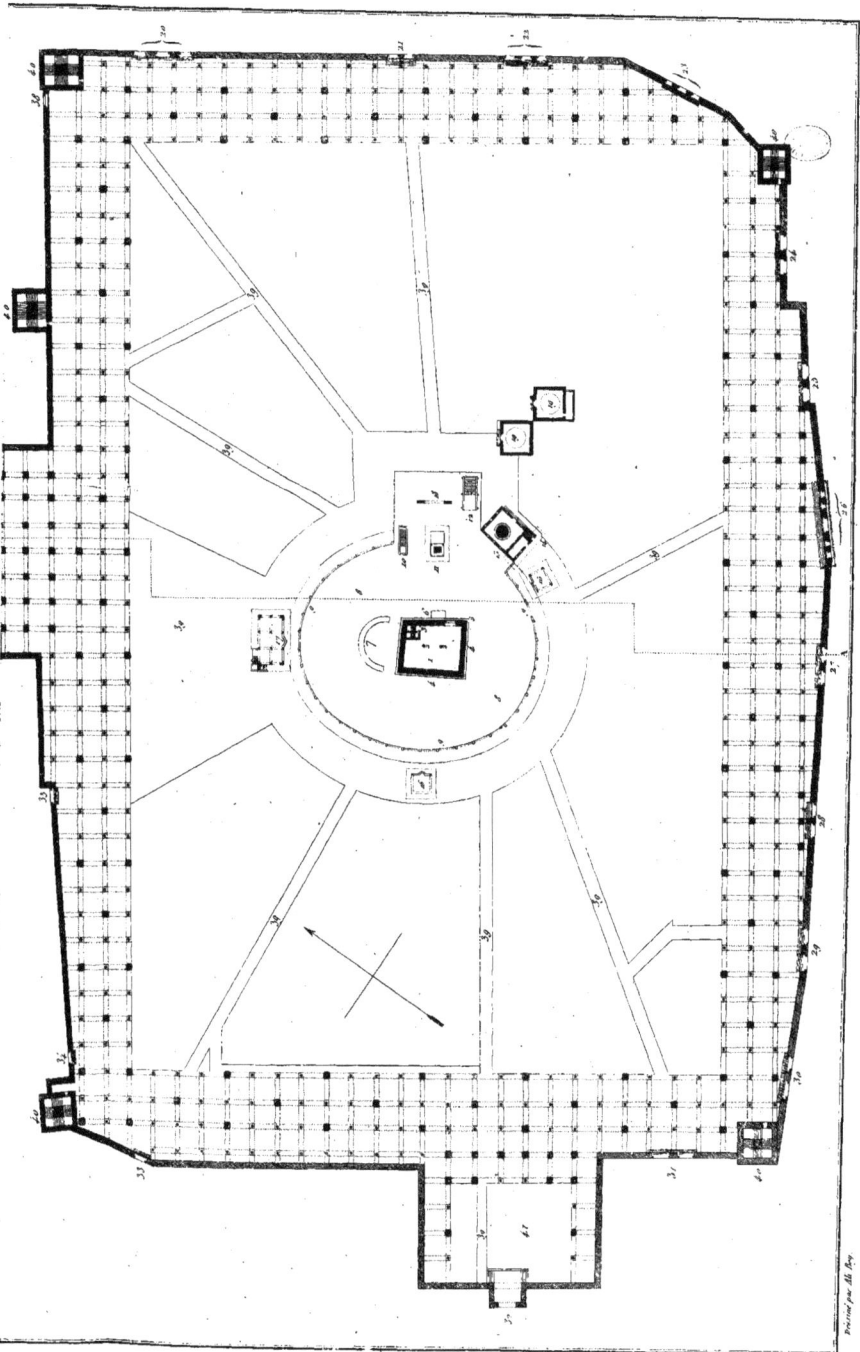

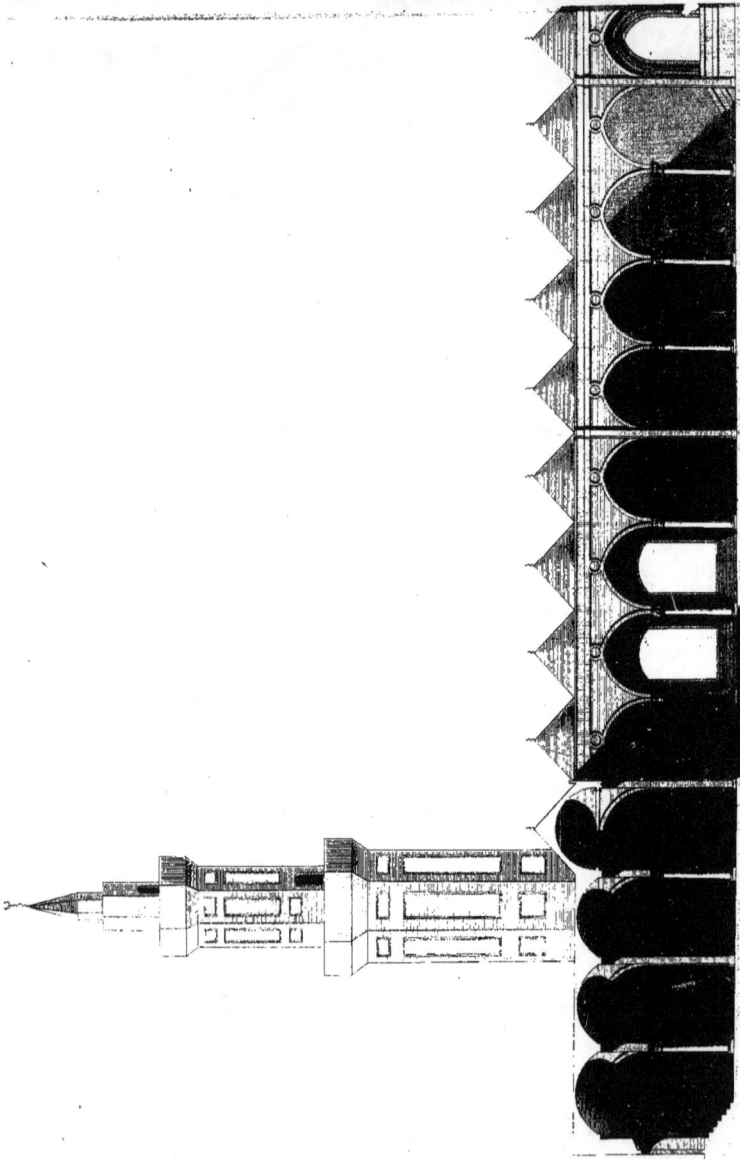

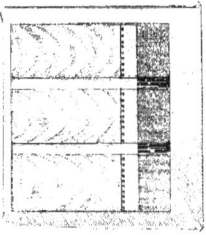

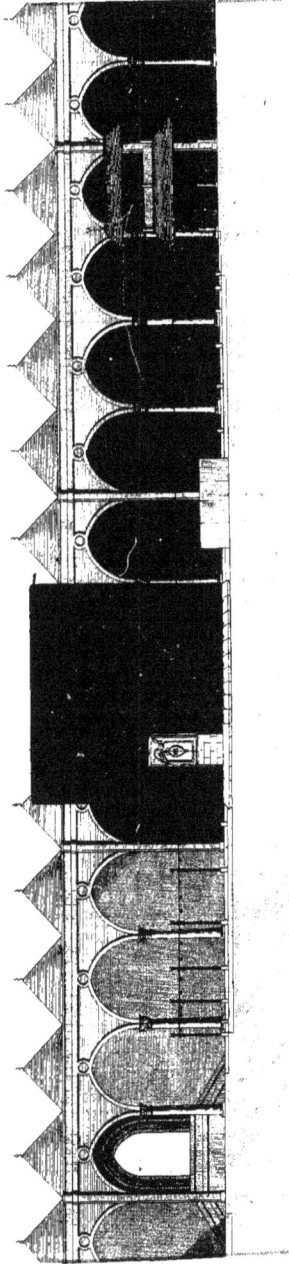

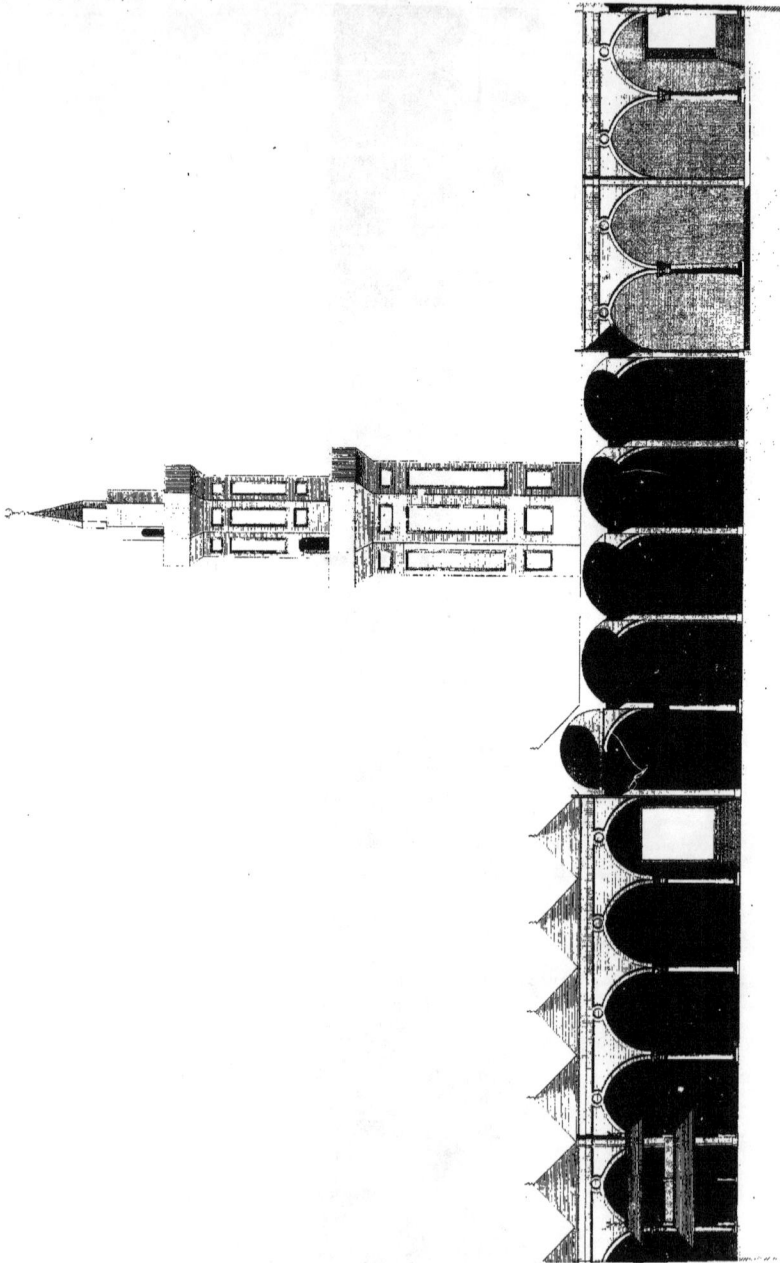

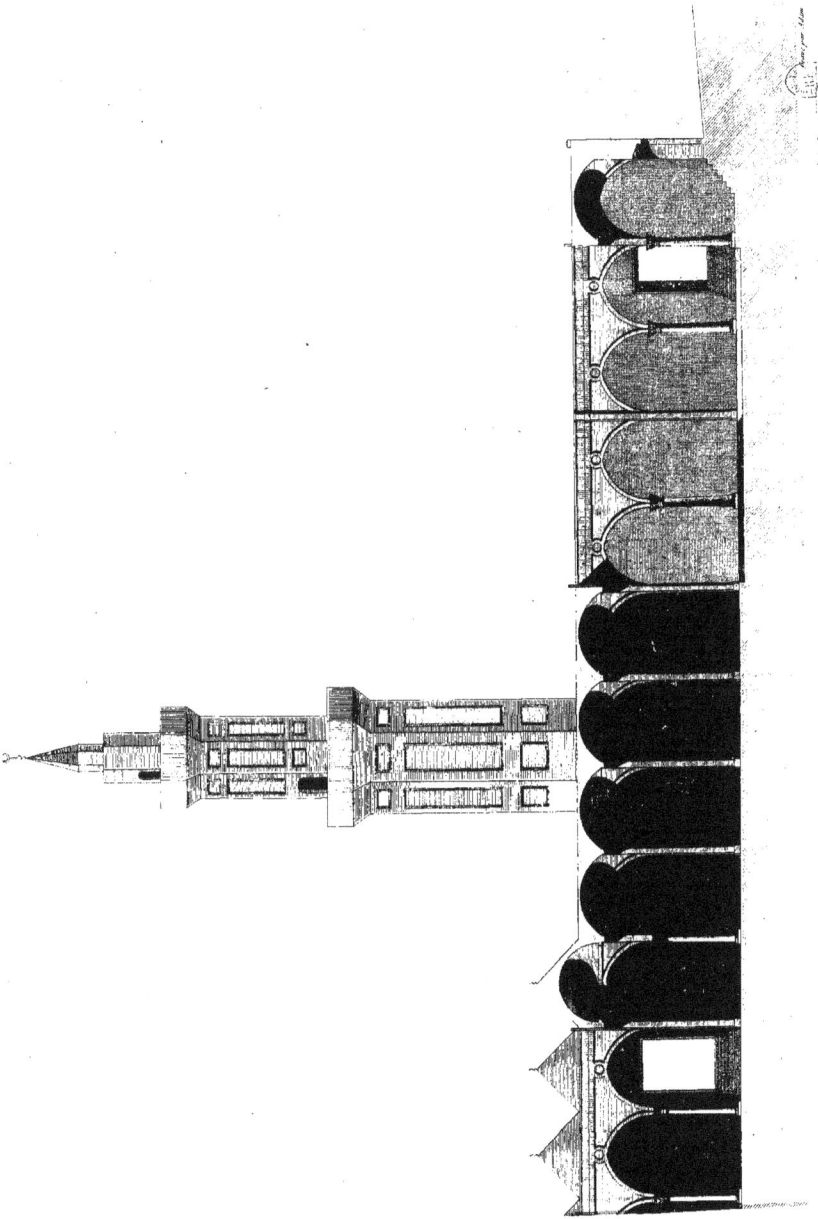

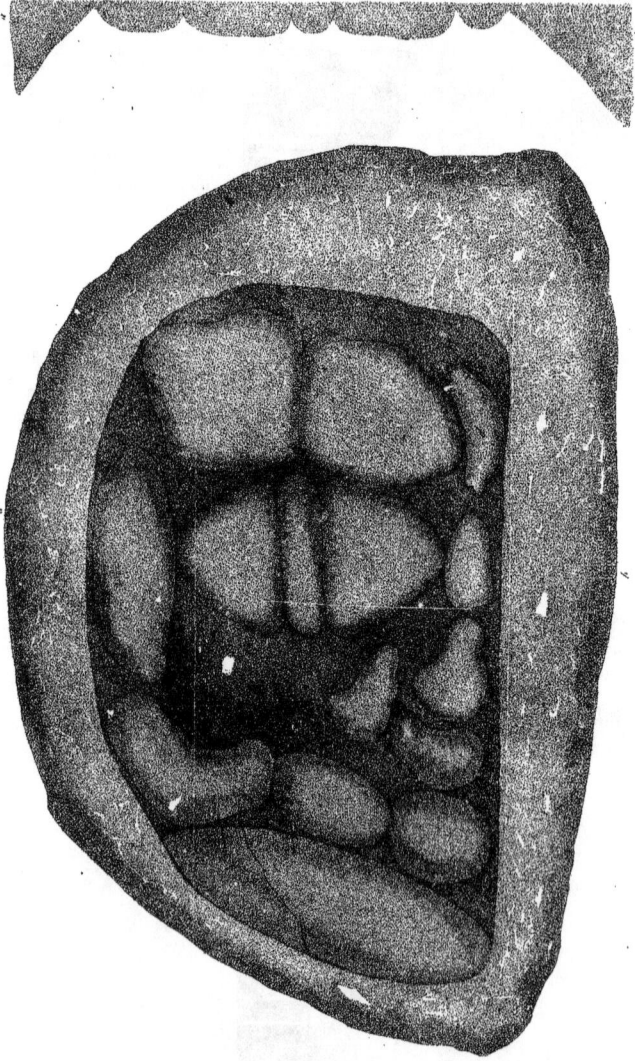

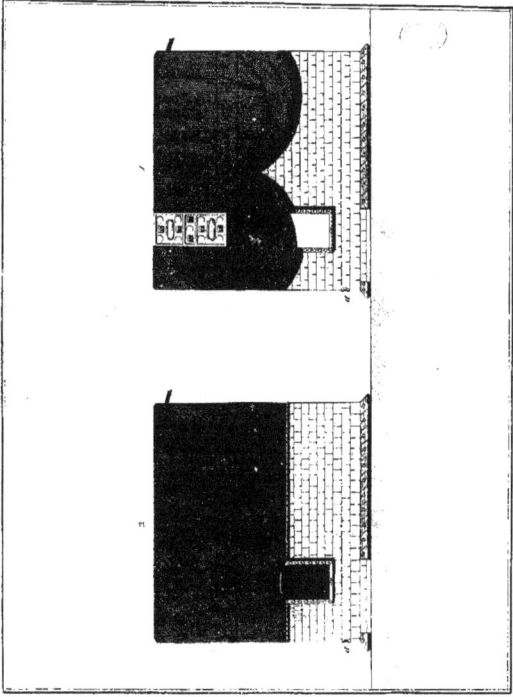

Dessiné par M. Rey.

Gravé par Adam.

LVII.

2

Dessiné par Ali Bey.                    Gravé par Adam.

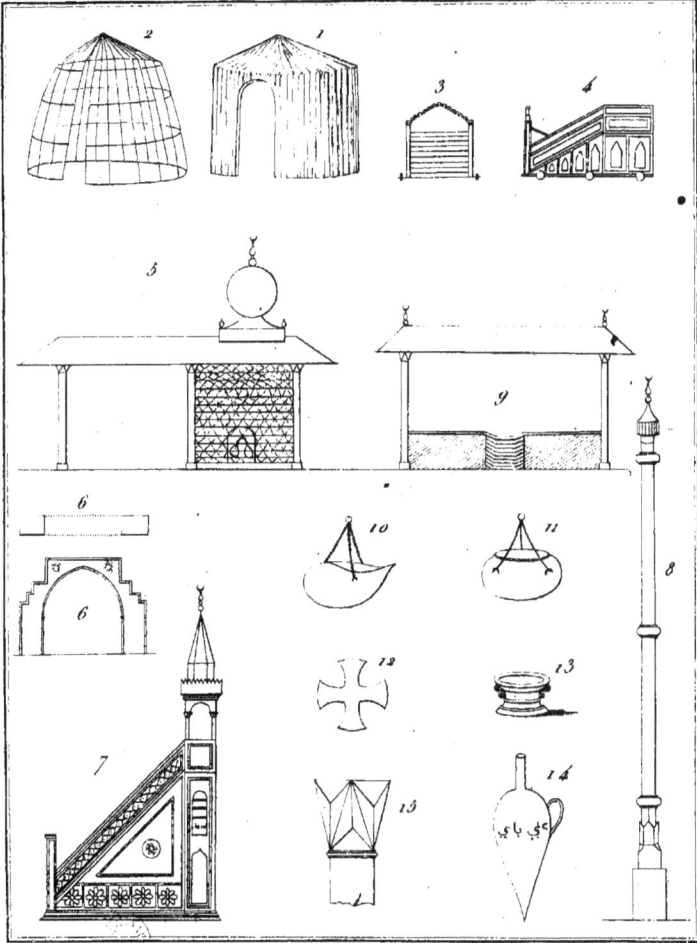

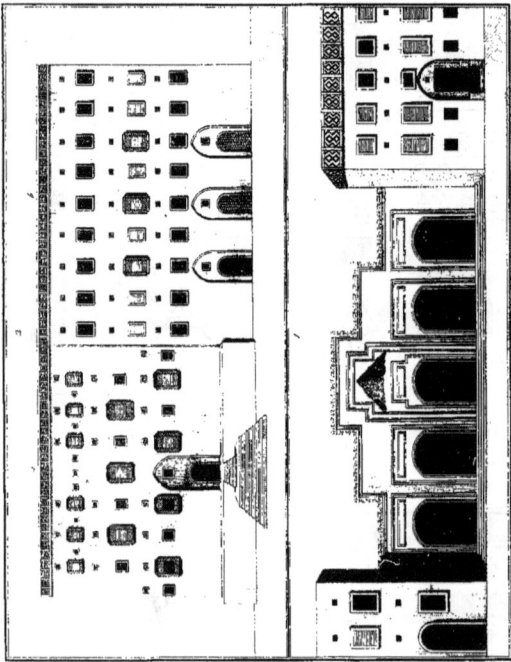

PM.

Dessiné par M. Roy.                    Gravé par Schroeder

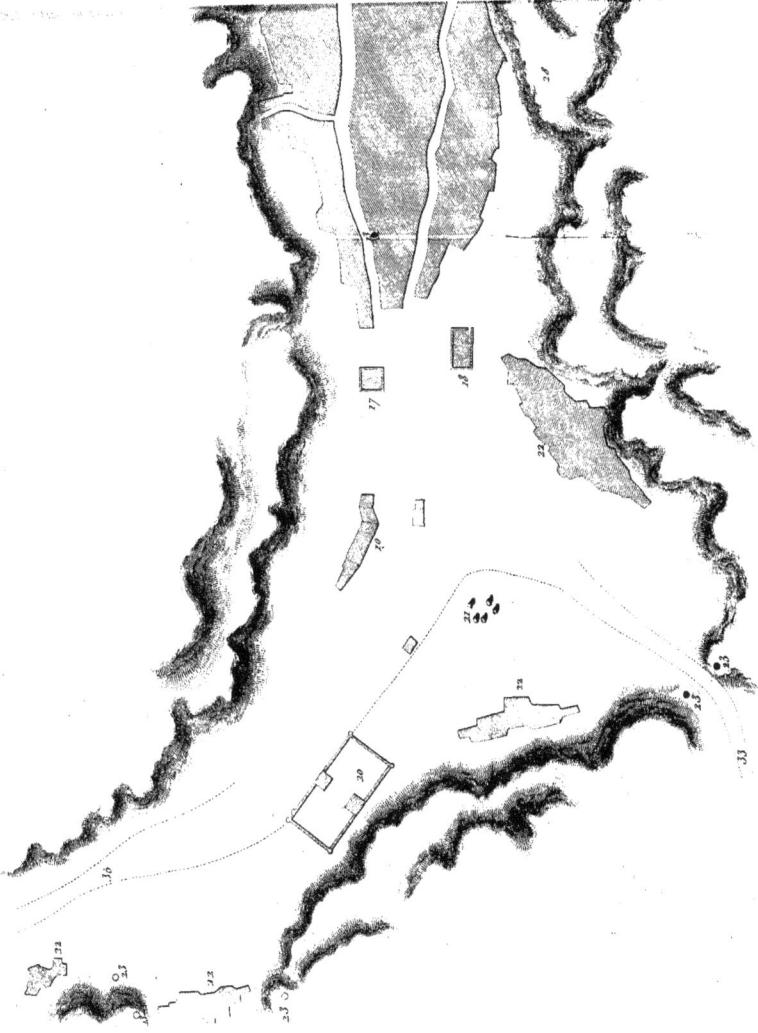

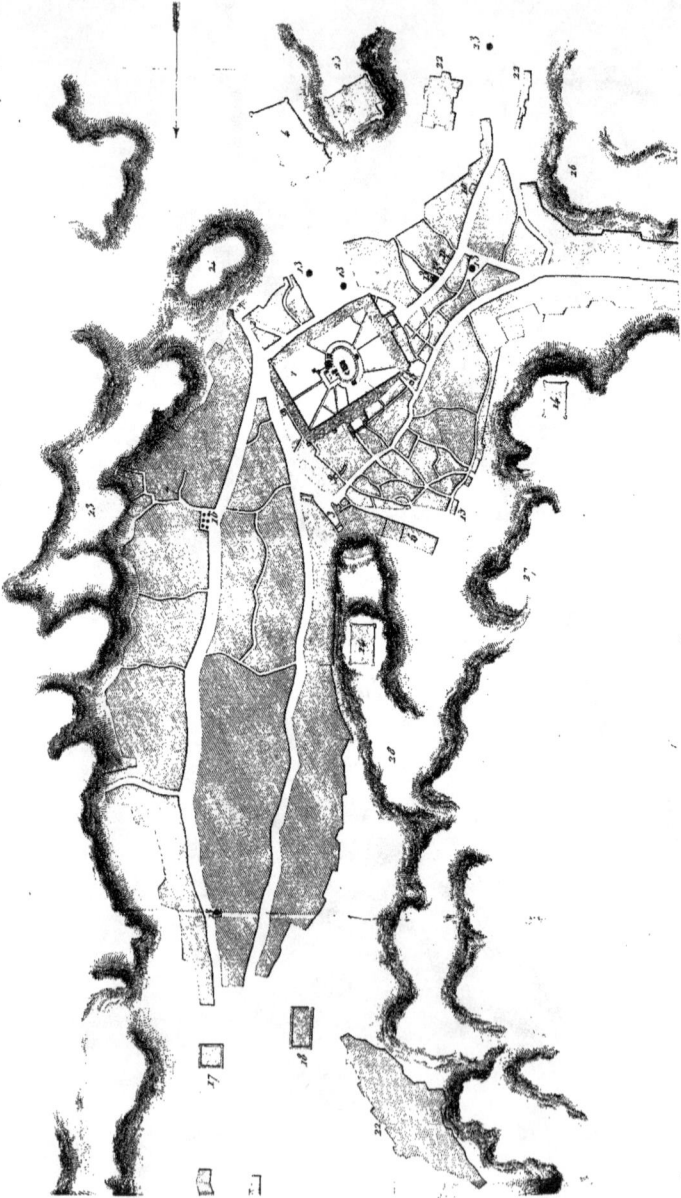

21
18
22
22
14
28
5
23
23
33
27
100 300 500 700 900
50 200 400 600 800 1000 2000
Dessiné par Ali Bey.

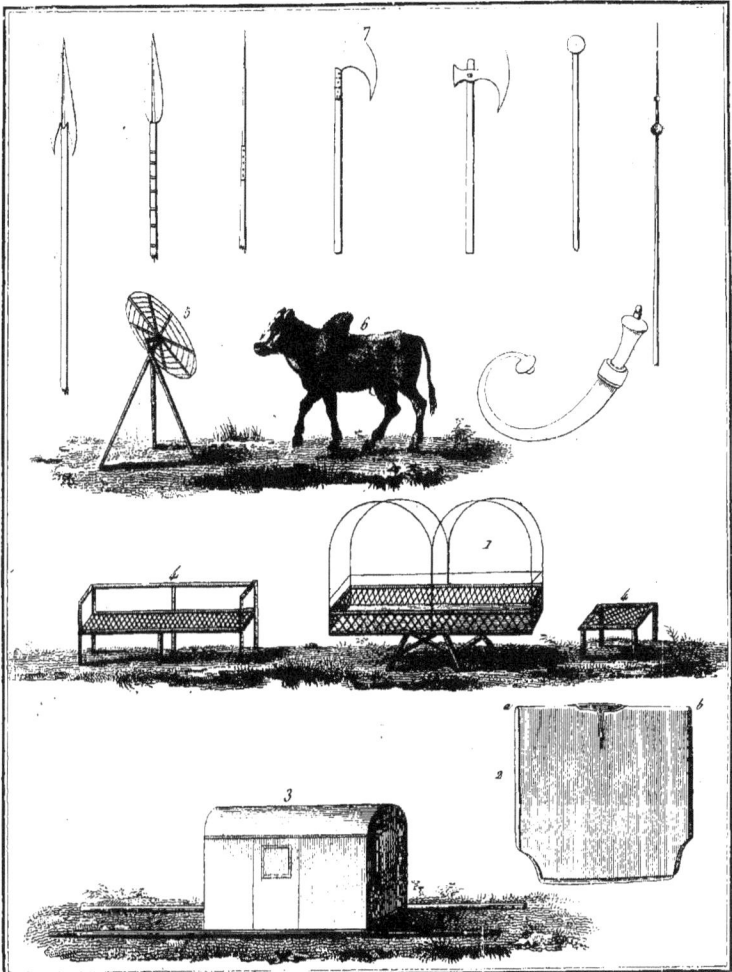

LXIV.

2.

ابانا الذى فى السماوة . ليتقدس اسمك . تاتى ملكوتك
لتكن مشيتك كما فى السماء كذلك على الارض ، اعطنا
خبزنا الجوهرى كفاف يومنا . واغفر لنا خطايانا
كما نغفر نحن لمن اساء الينا ولا تدخلنا فى التجارب
لكن نجنا من الشرير امين

Dessiné par Ali Bey.                    Gravé par Adam.

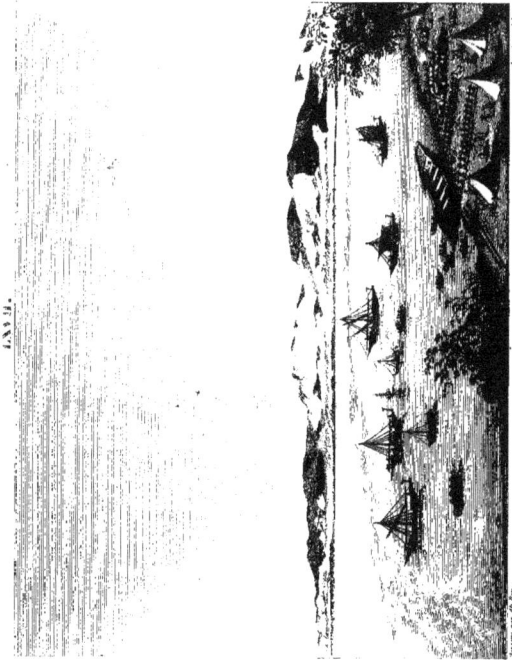

LXVIII

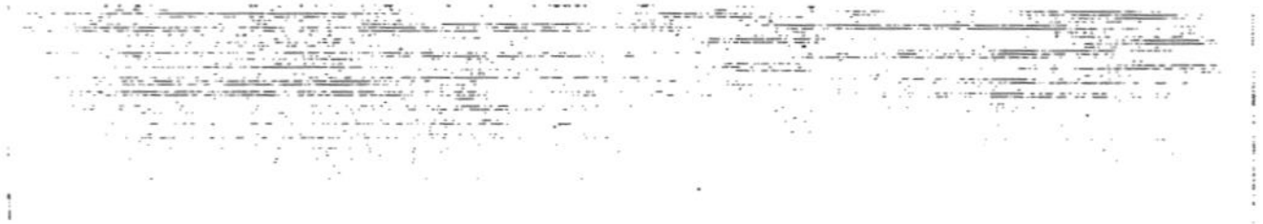

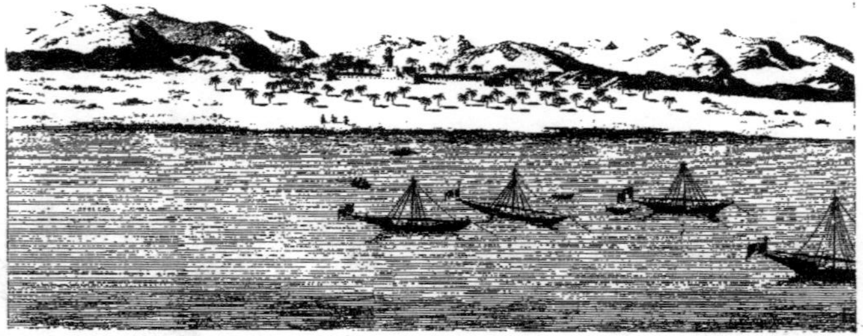

CXV.

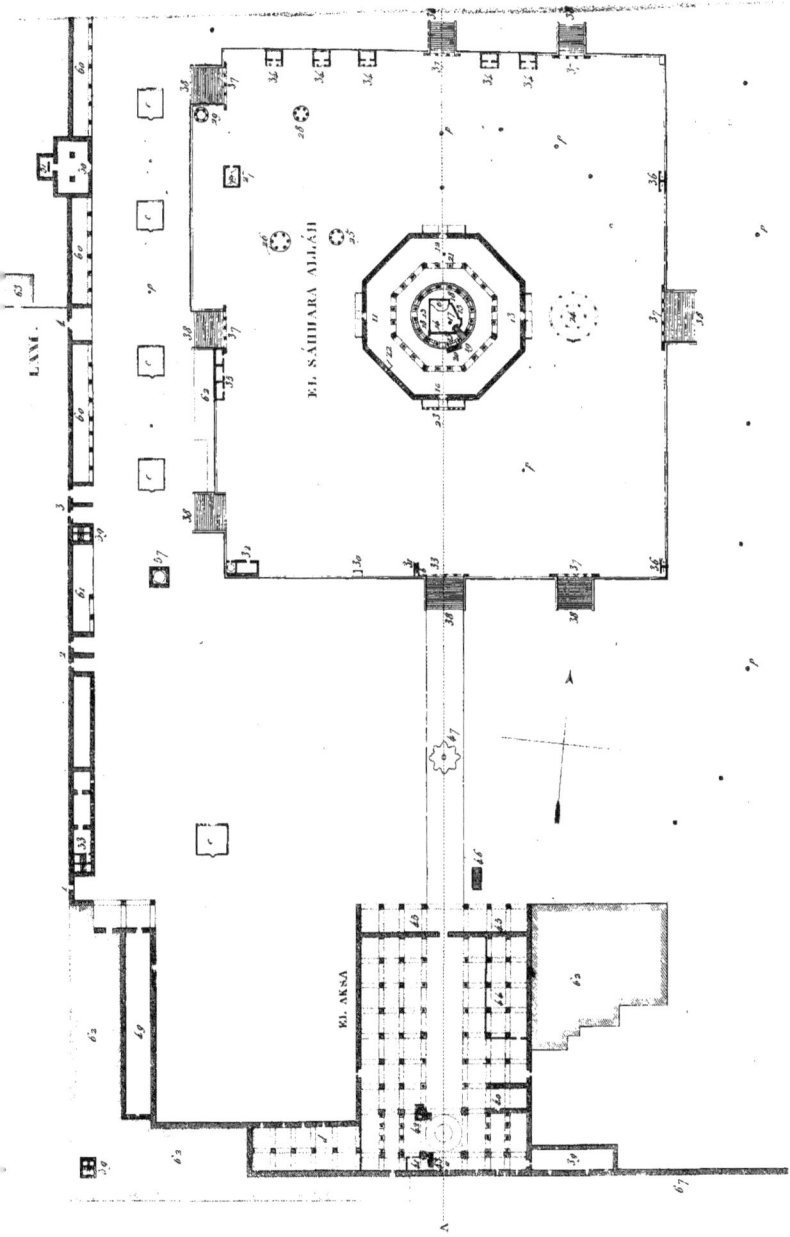

EL SÁHHARA ALLÁH

EL AKSA

LÁM.

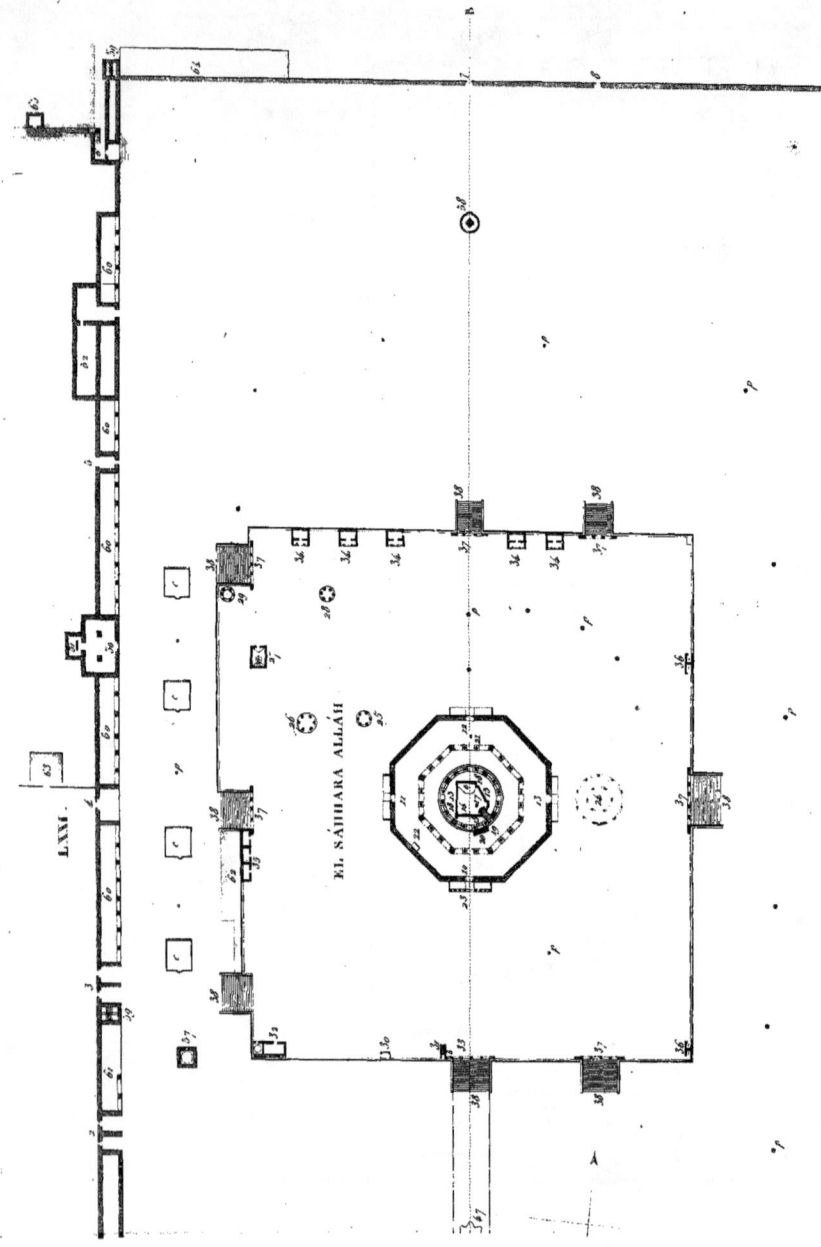

EL SÁḤḤARA ALLÁH

LXXI.

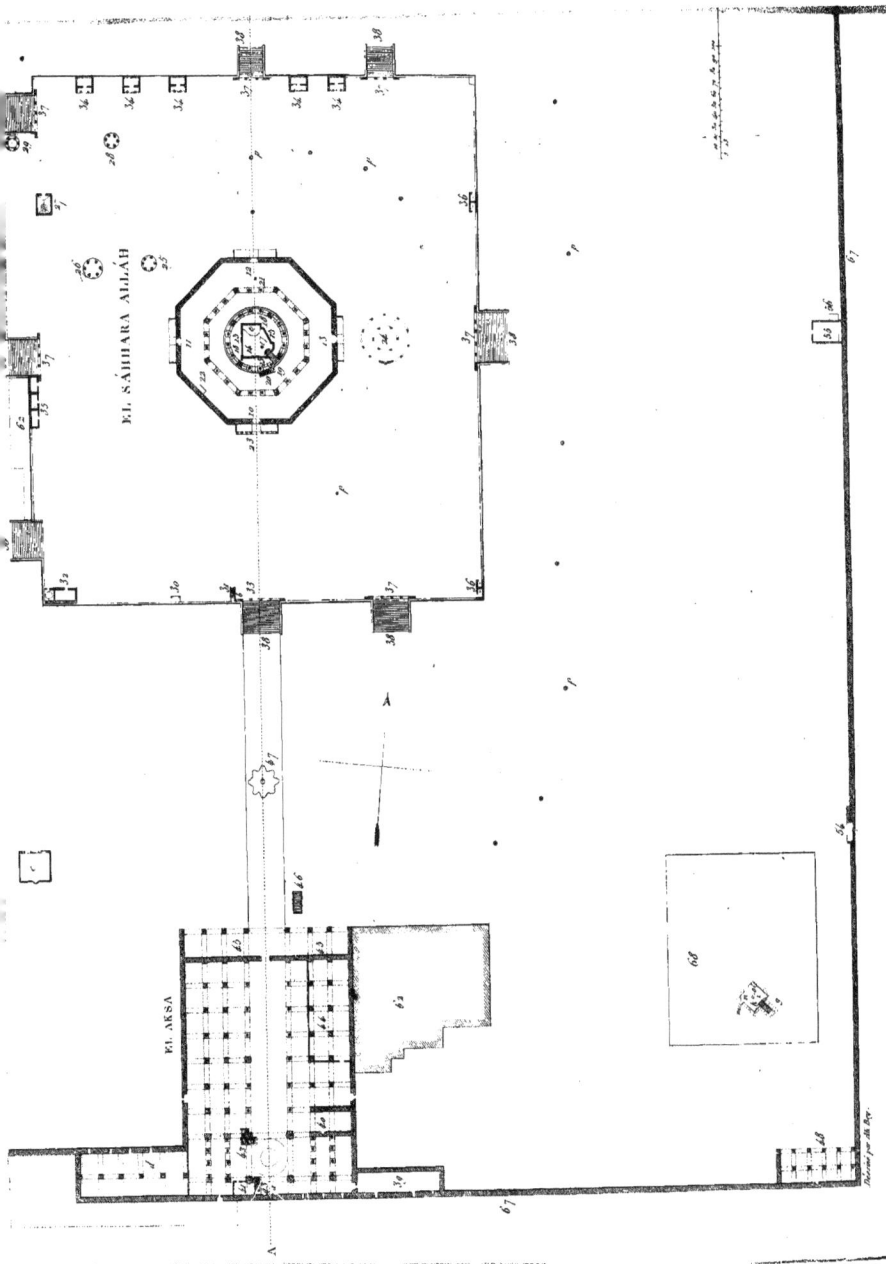

EL SAHHARA ALLAH

EL AKSA

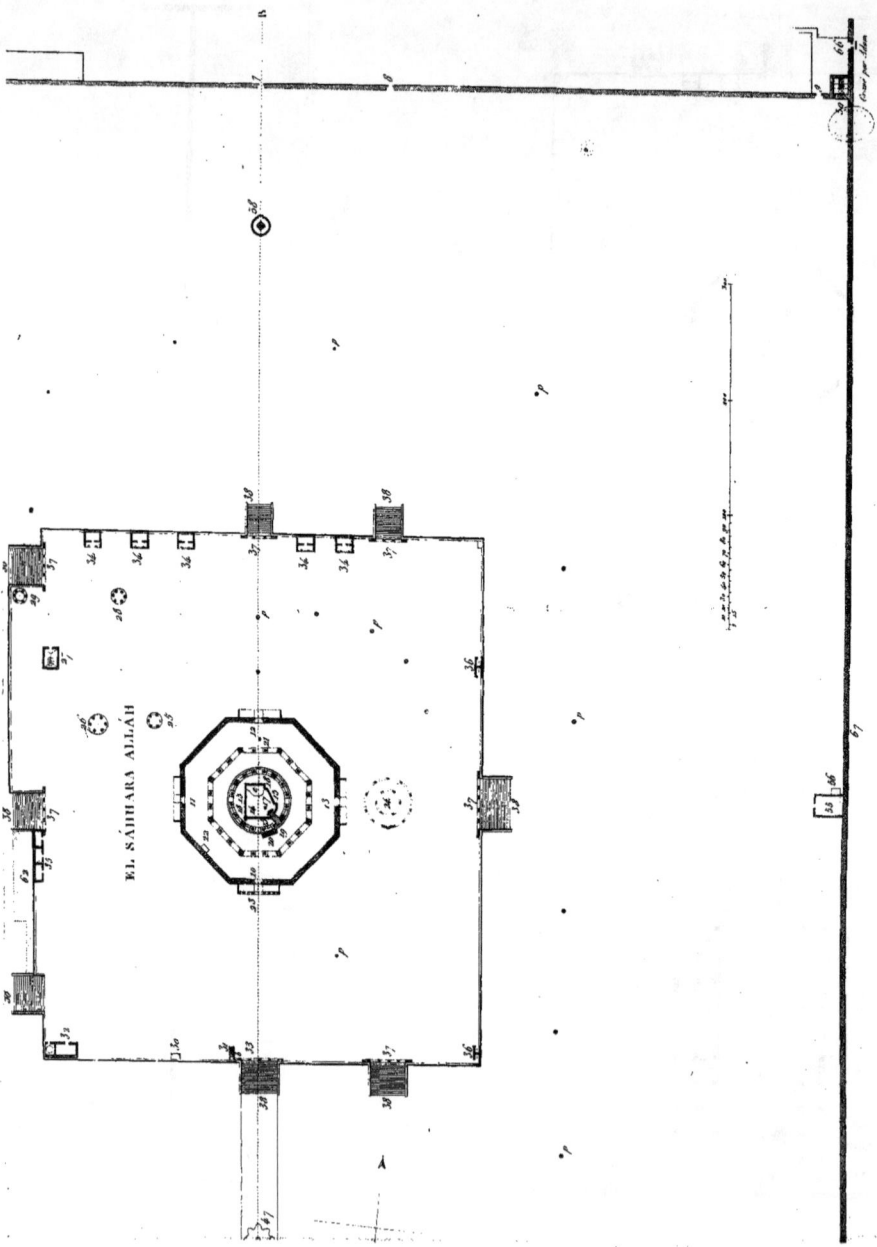

EL SÁDHARA ALLÁH

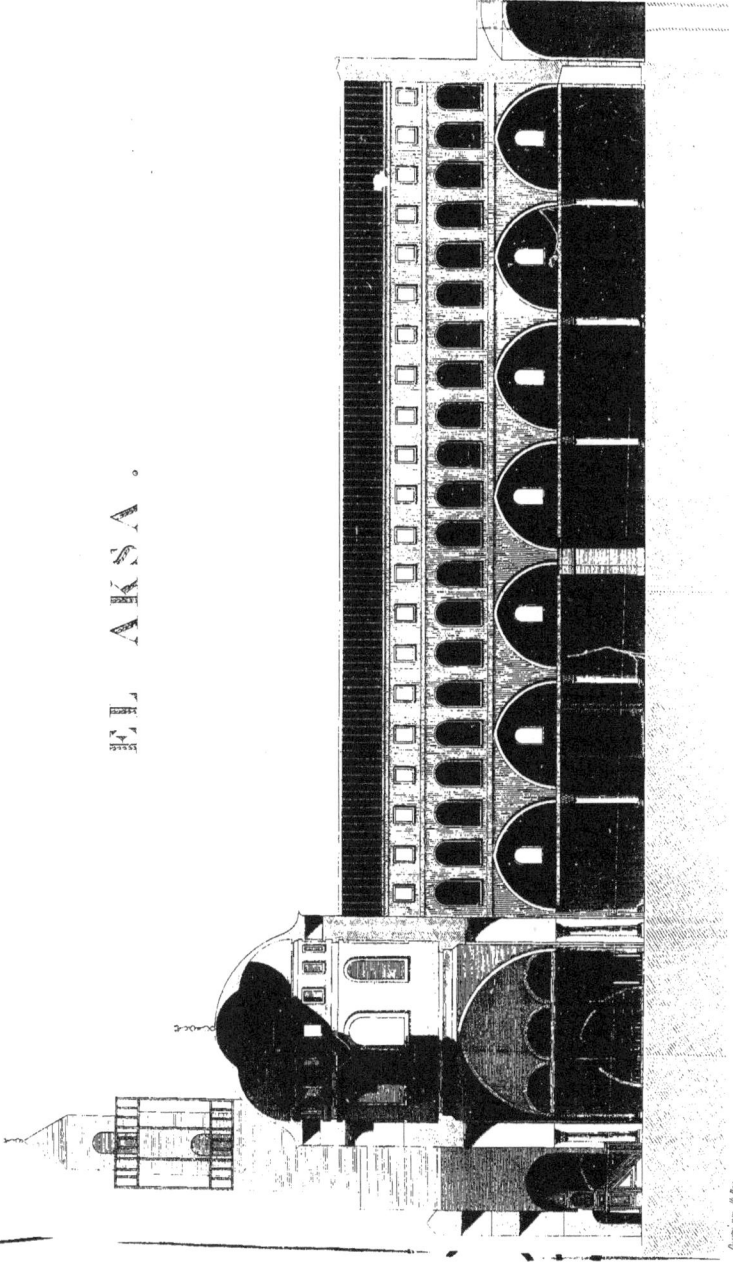

EL AKSA.

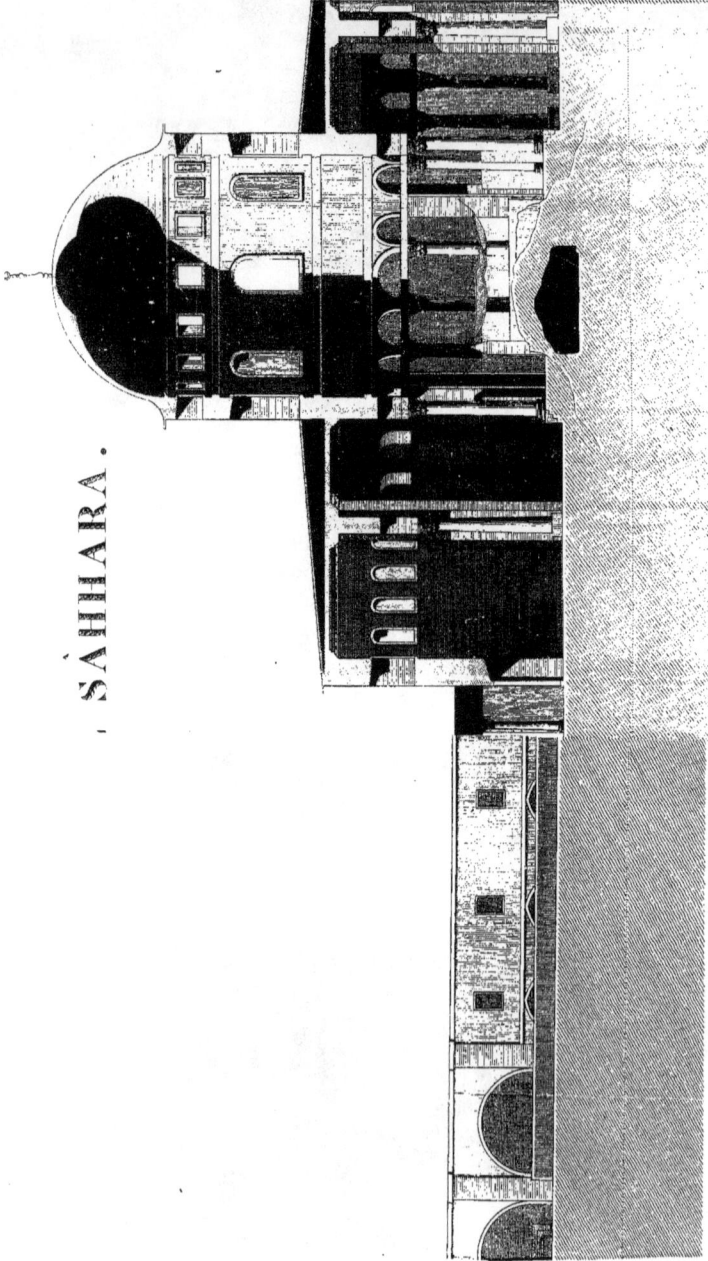

SÀHHARA.

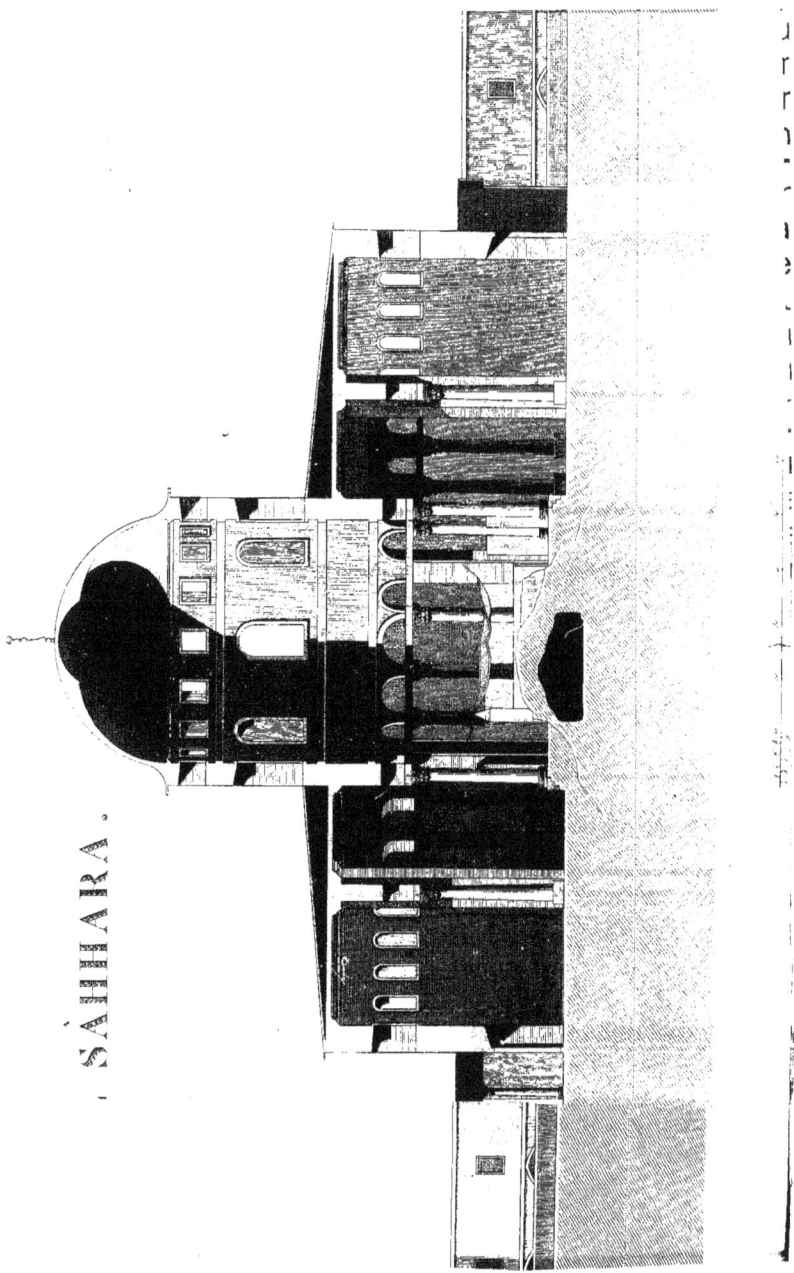

SÁMHARA.

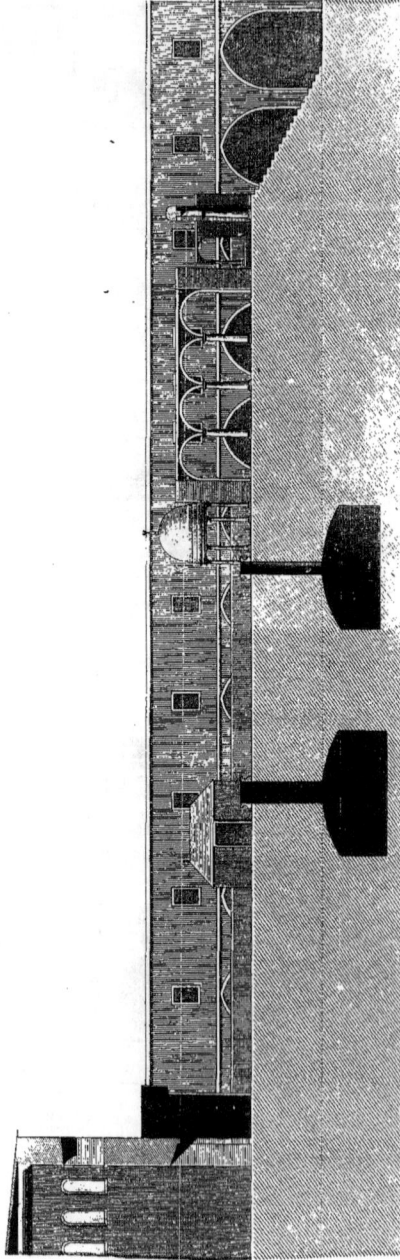

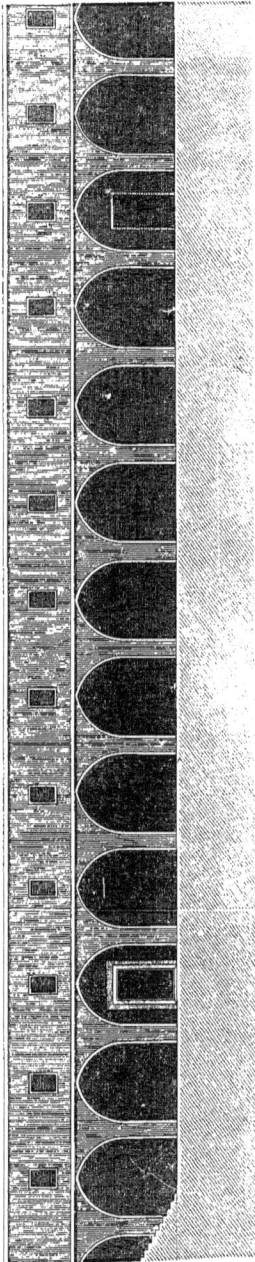

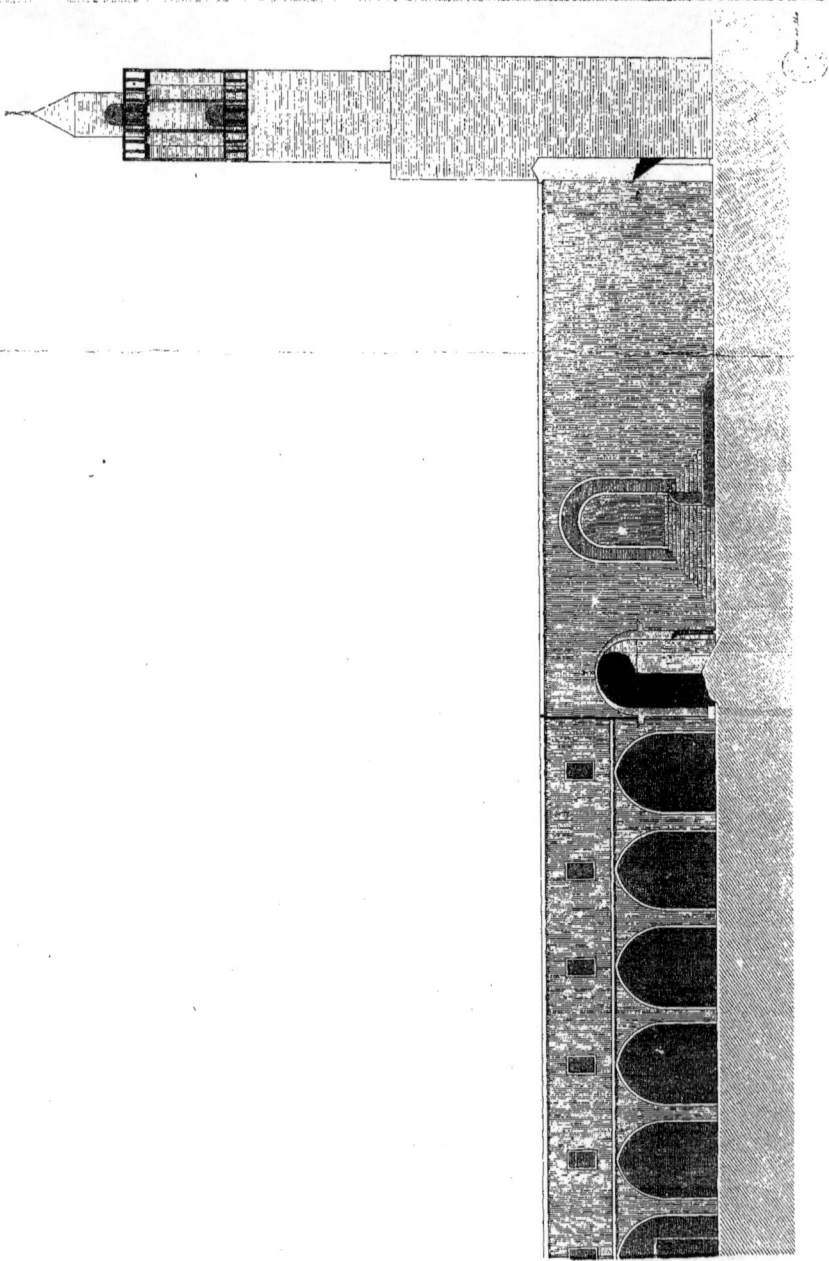

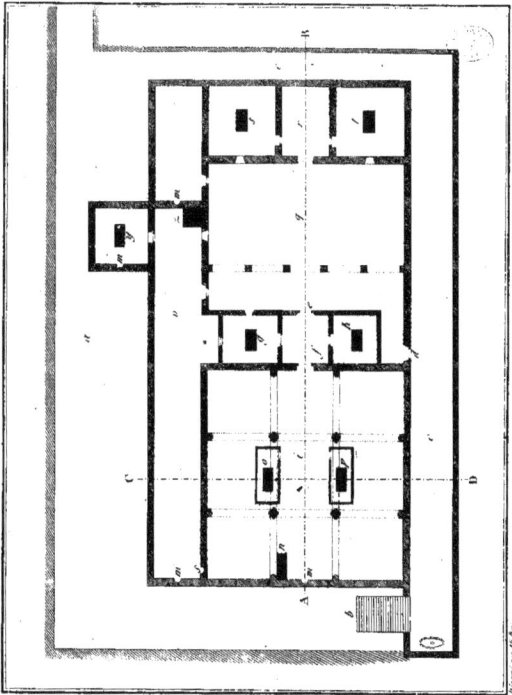

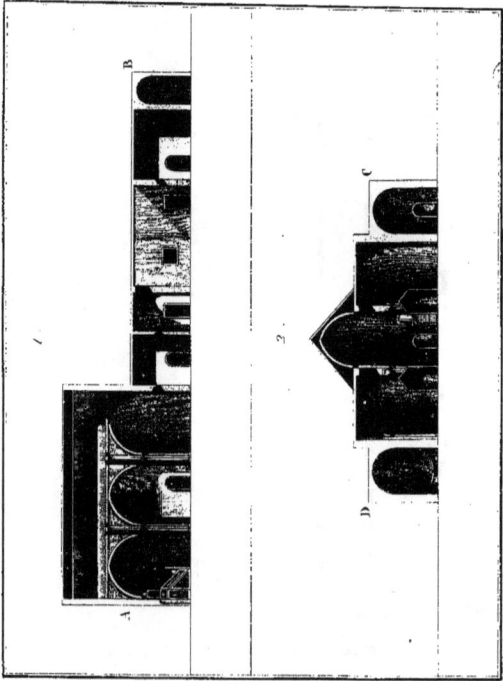

LXXIV.

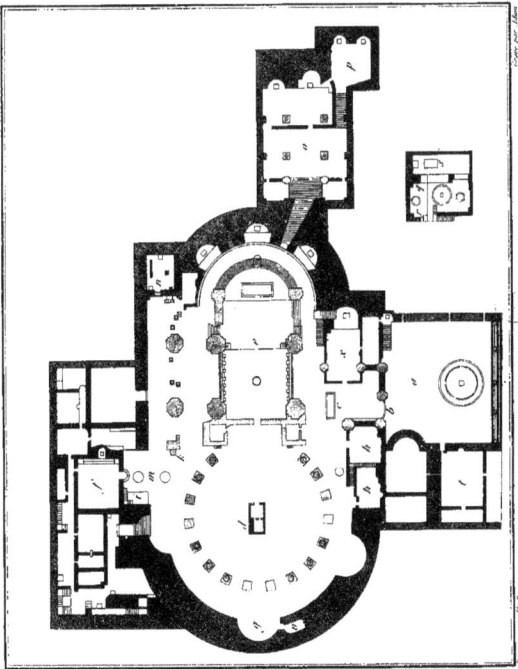

Dessiné par Ali Bey.

Gravé par Adam.

TENANT.

*Dessiné par M. Rey.* *Gravé par Godefroy.*

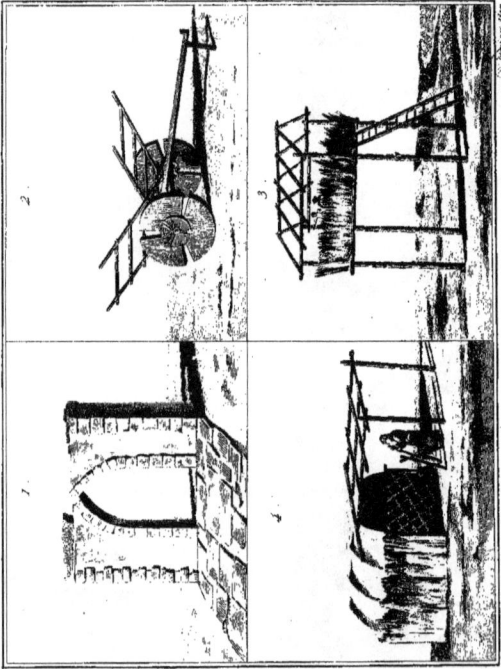

LXX

Dessiné par Ali Bey.                                    Gravé par Adam.

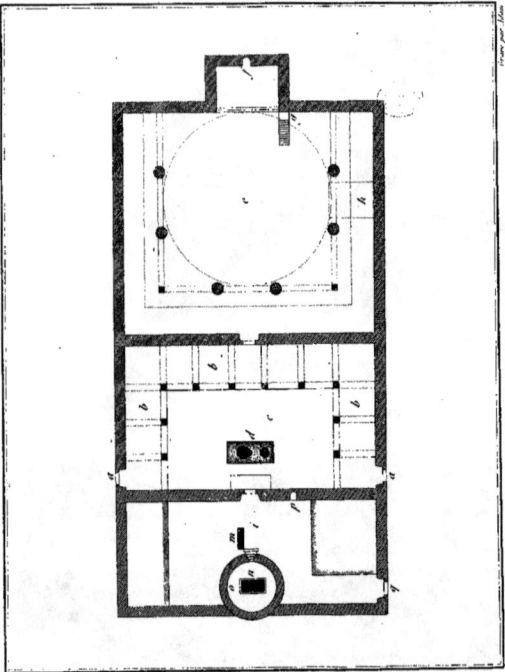

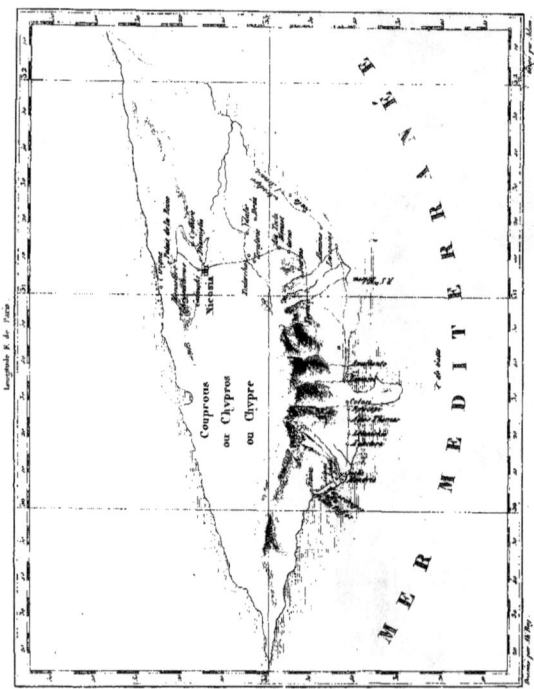

CARTE DES ROUTES D'ALI BEY EL ABBASSI,

DANS L'ILE DE CHYPRE

d'Après ses propres Observations Astronomiques et ses Recherches.

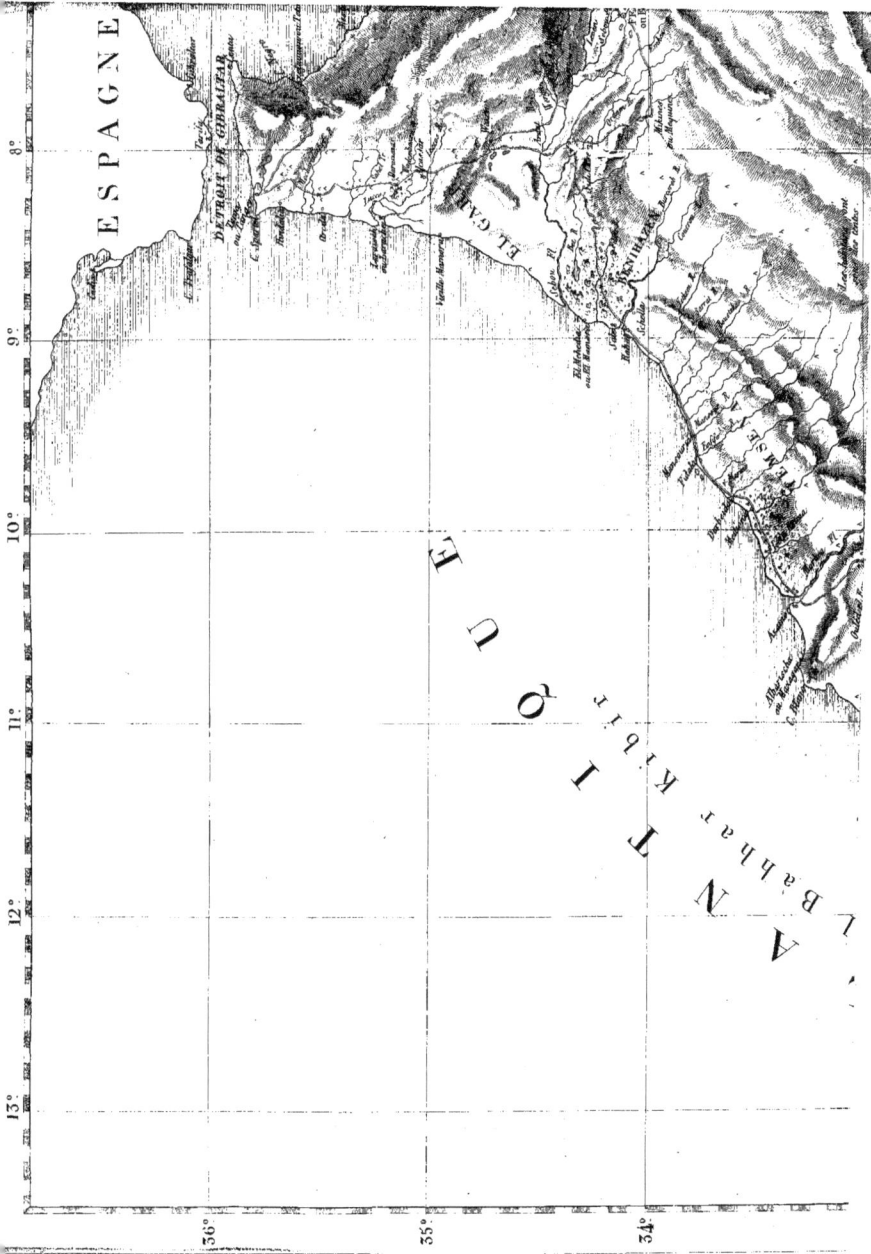

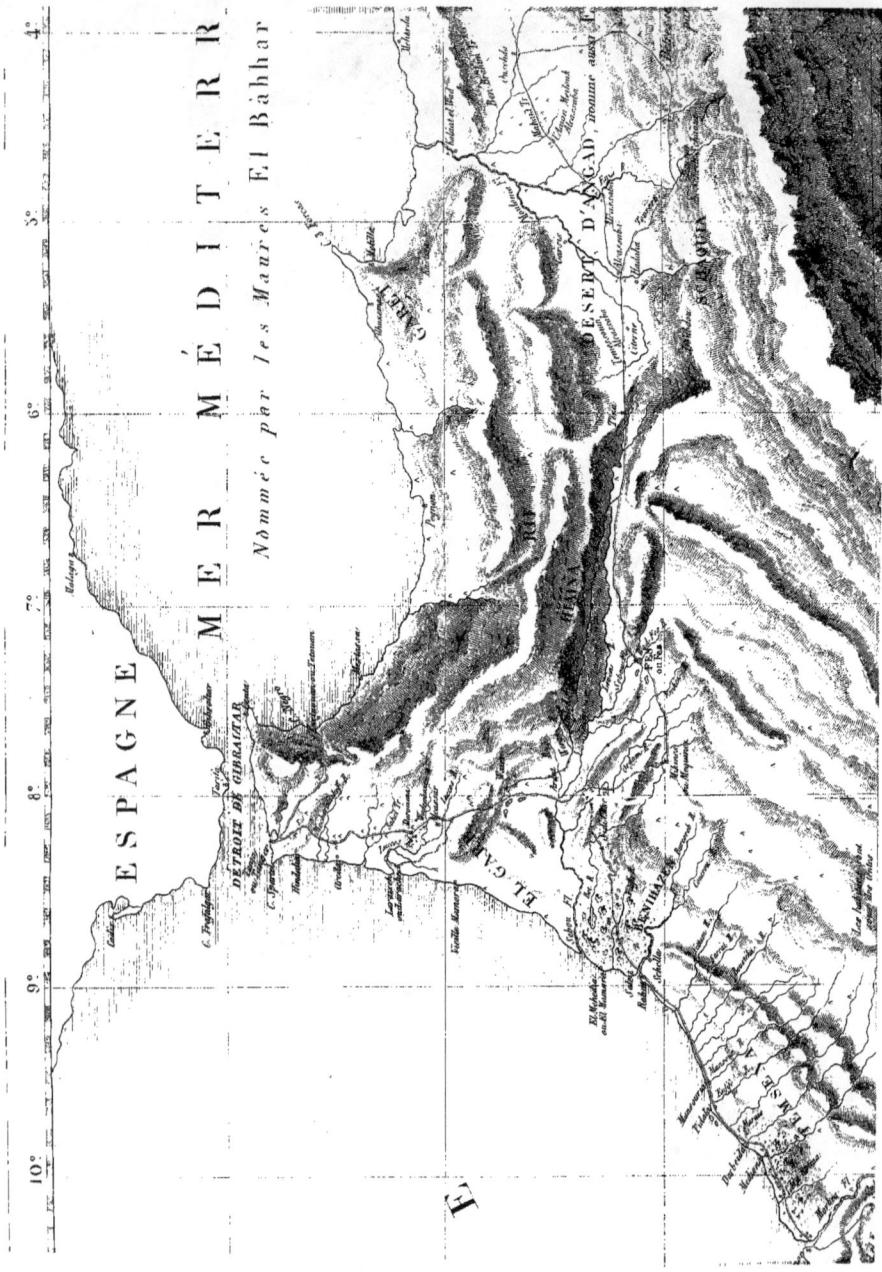

ESPAGNE      MER      MÉDITERR

Nommée par les Maures El Bâhhar

DÉTROIT DE GIBRALTAR

DESERT D'ANGAD, nommé aussi

EL GA

10°   9°   8°   7°   6°   5°   4°

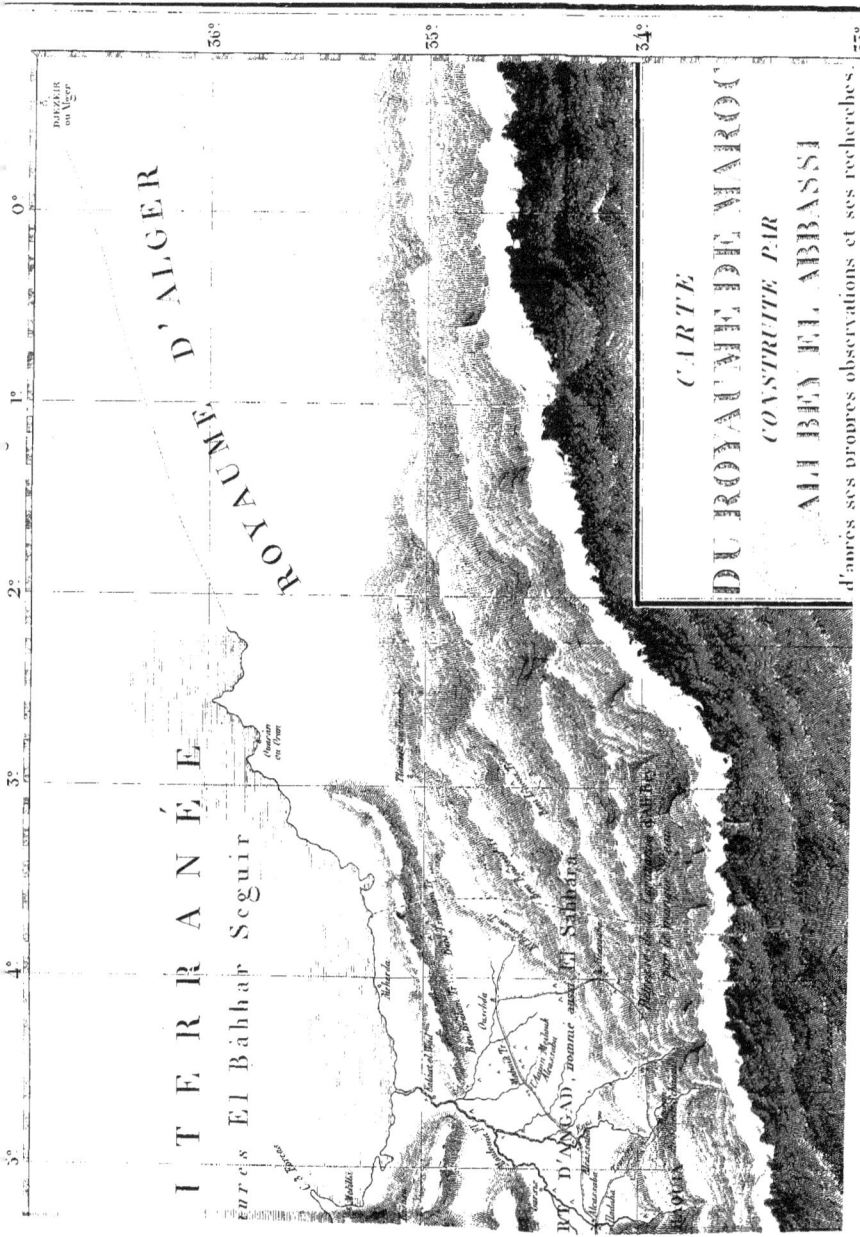

MÉDITERRANÉE

ROYAUME D'ALGER

Beurès El Bâhhar Seguir

36°

35°

34°

0°

1°

2°

3°

4°

5°

ROYAUME D'ALGER
ou Alger

Rha

RY. D'ANGAD, nommé aussi El Sâhhâra

CARTE
DU ROYAUME DE MAROC
CONSTRUITE PAR
ALI BEY EL ABBASSI
d'après ses propres observations et ses recherches

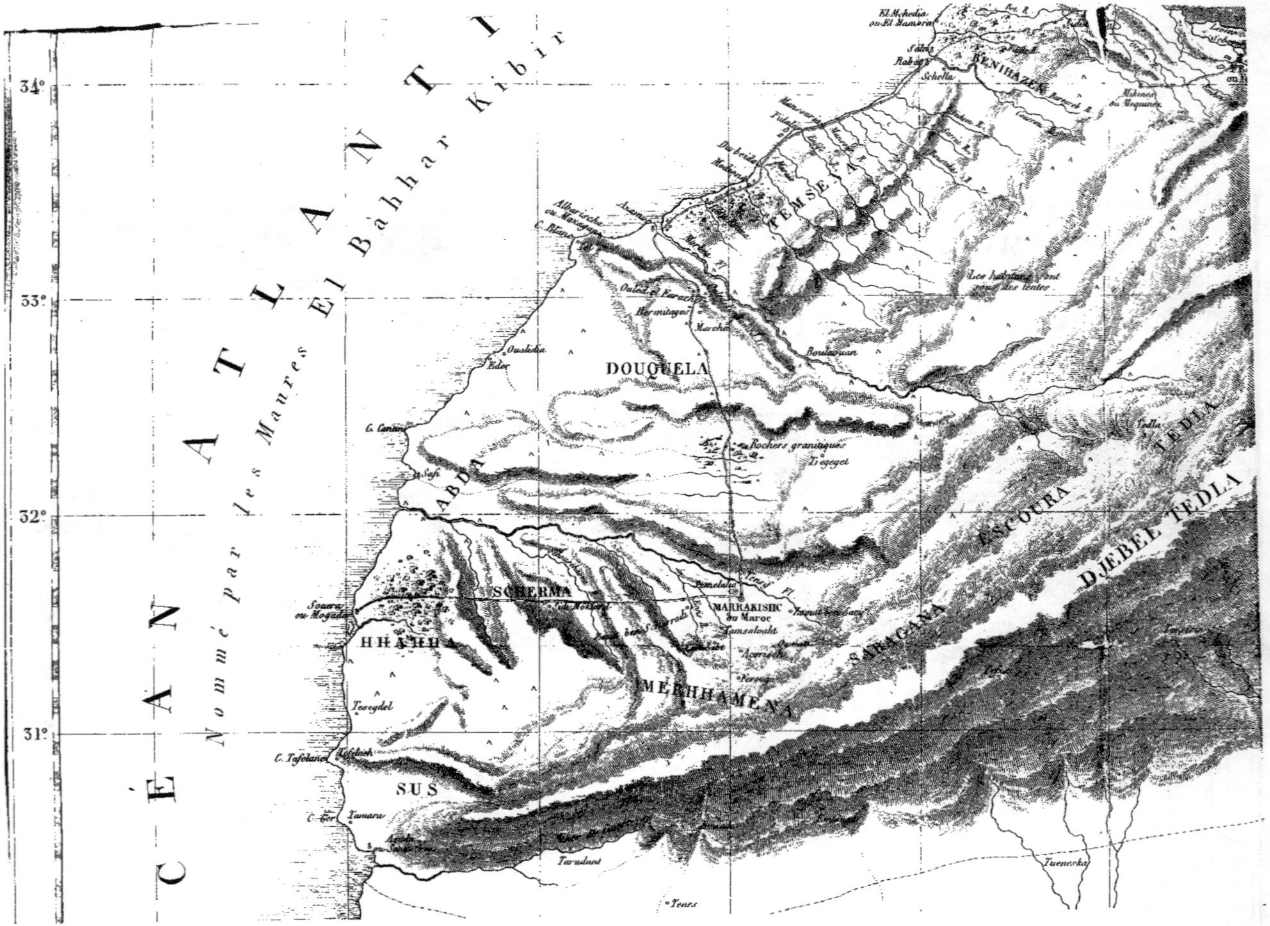
34°
33°
32°
31°
CÉAN ATLANTI
Nommé par les Maures El Bahhar Kibir
El Mehedia ou El Mamora
Salé
Rabat
Schella
BENIHAZEN
Mikenes ou Mequinez
TEMSENA
Dar beida
Azamor
Alharischa ou Mazagan
C. Blanc
Ouled el Karach
Hermitage
Boulawan
Les habitans vivent sous des tentes
DOUQUELA
Oualidia
Eder
C. Cantin
Safi
ABDA
Rochers granitiques
Tegeget
Tedla
TEDLA
ESCOURA
DJEBEL TEDLA
SCHERMA
Souera ou Mogador
HHAHHA
MARRAKISHC ou Maroc
Tamsalouht
SARAGANA
MERHHAMENA
Teseydel
C. Tafelane
SUS
Tamara
C. Ger
Tarudant
Tenes
Tuenesha

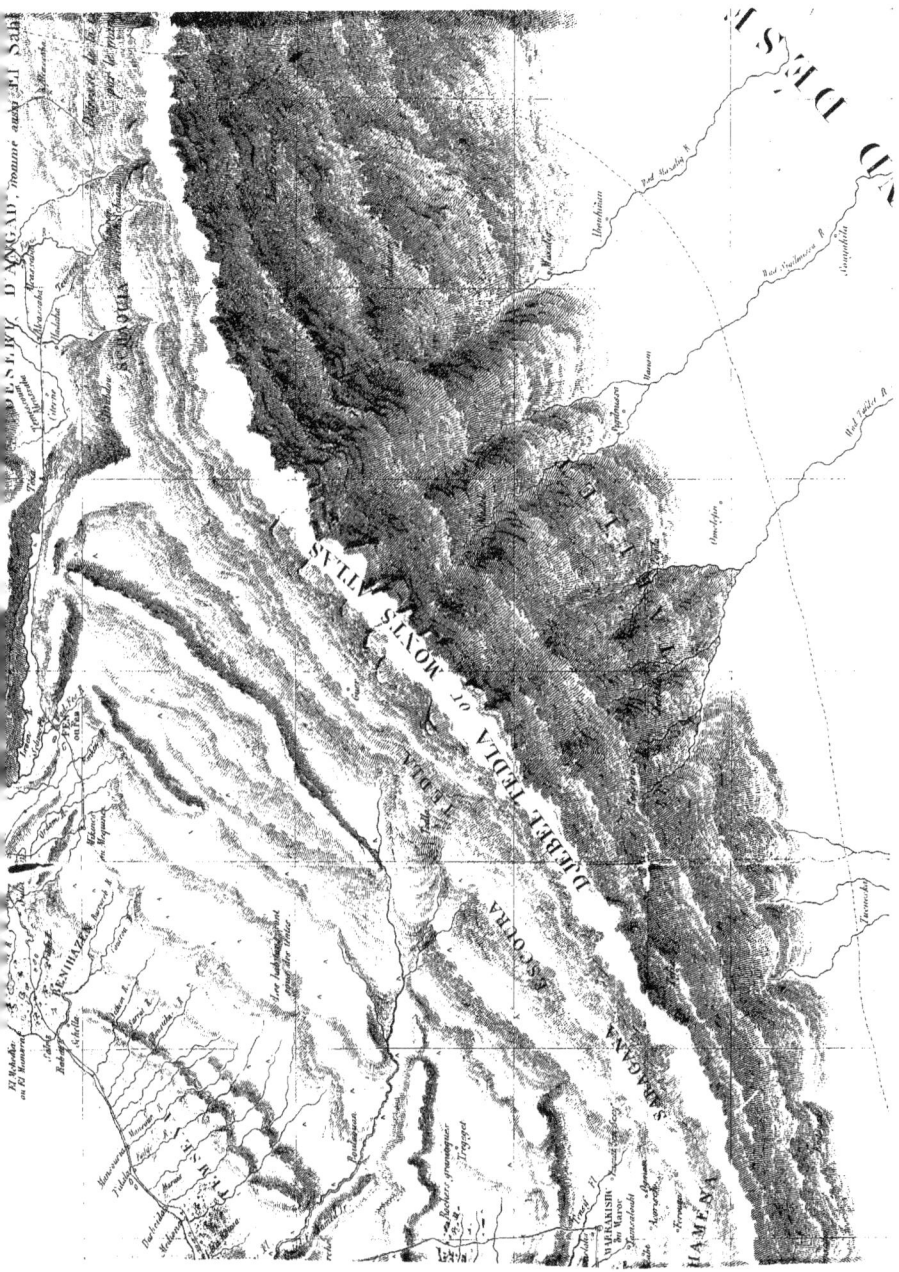

AD DESE...

ROESERT D'ANGAD; nomme aux El Saha

DJEBEL TEDLA or VIDEL MONTS ATLAS

TEDLA

ESC-OURA

SARAGOMA

HAMESA

BENIHAZEK

# CARTE
## DU ROYAUME DE MAROC
### CONSTRUITE PAR
## ALI BEY EL ABBASSI
d'après ses propres observations et ses recherches.

Points Géographiques déterminés par les
observations astronomiques D'ALI BEY

| | Latitude Nord | Longitude Ouest du Méridien de Paris |
|---|---|---|
| Tanger | 35,47,54 | 8,14, 0 |
| Larache | 35,13,13 | 8,21,45 |
| Mequassar | 35, 3,10 | 8, 9,45 |
| Wazara | 34,44,29 | |
| Ouechda | 34,40,54 | 4, 8, 0 |
| Tesa | 34, 9,50 | 6, 0,15 |
| FEZ | 34, 6, 3 | 7, 8,30 |
| Rabat | 34, 4,37 | 8,37,30 |
| Mequinez | 35,38,20 | 7,30,15 |
| Darbeida | 35,37,40 | 9,30, 0 |
| Azamuar | 35,18,46 | 10,24,15 |
| MAROC | 31,37,31 | 8,35,45 |
| Souera ou Mogador | 31,33,40 | 11,33,45 |

Échelle de Toises — H. Toises d'Ardox

Routes d'Ali Bey.
× Entrées des caravanes.
^ Damiers de Toutes.

GRAND DÉSERT

Houeitan

Oued Mernaley B.

Oued Sizelmessa B.

Sirzguibela

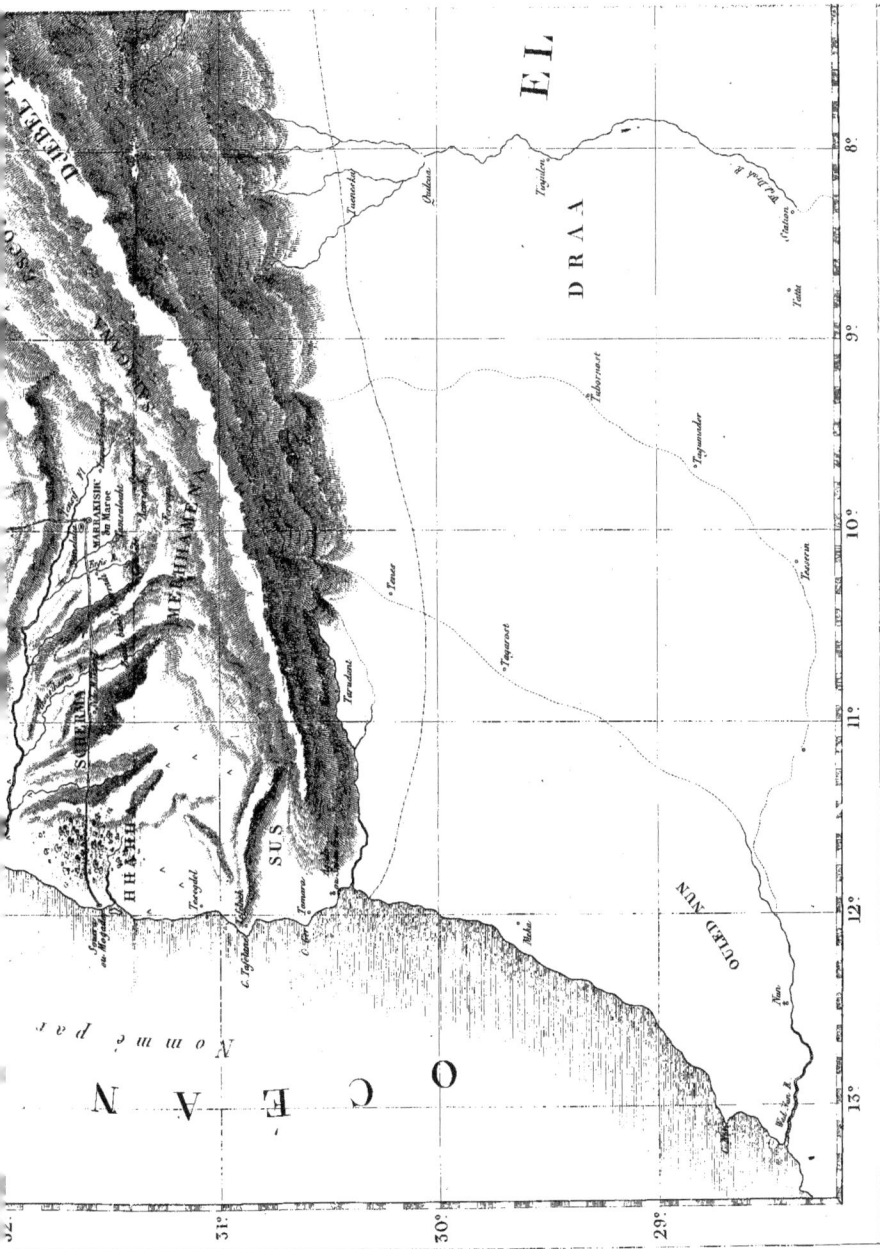

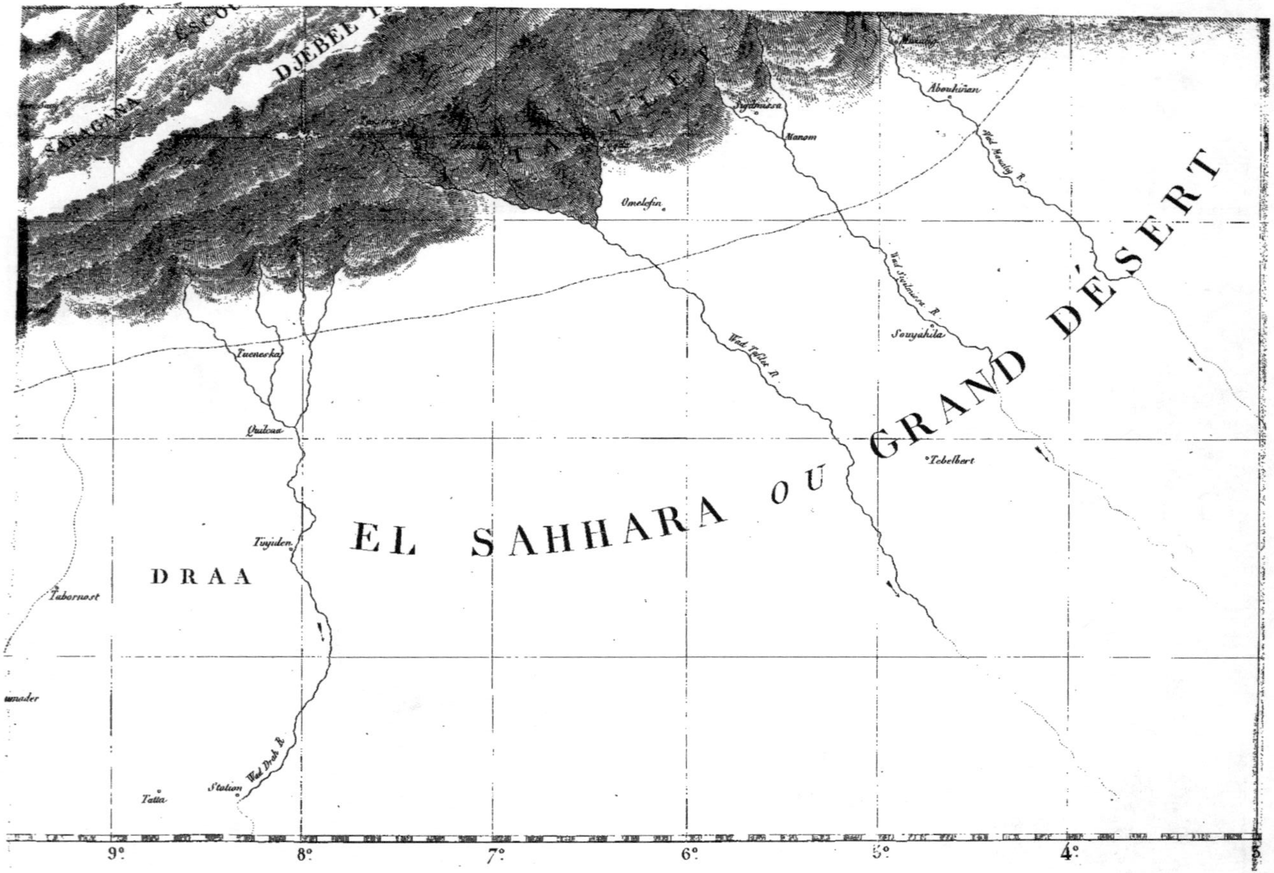
EL SAHHARA OU GRAND DÉSERT
DRAA
DJEBEL
SARAGANA
Wad Maralig R.
Abouhiñan
Sigilmissa
Manom
Omelefin
Wad Sigilmissa R.
Souyahila
Wad Tafilet R.
Tebelbert
Tueneska
Quilcaa
Tinjiden
Tabornost
Wad Drah R.
Station
Tatta
9°
8°
7°
6°
5°
4°
3

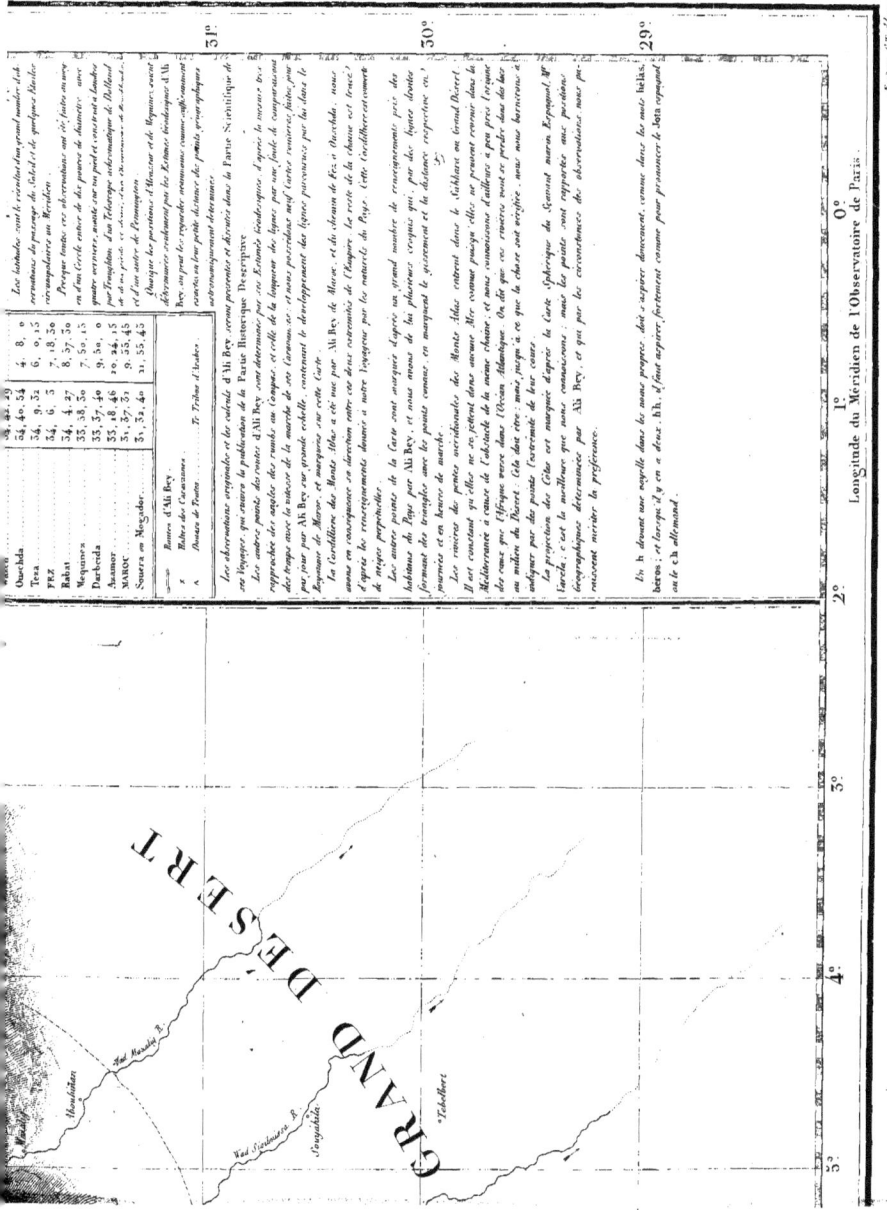

GRAND DÉSERT

Longitude du Méridien de l'Observatoire de Paris

| | | | | | |
|---|---|---|---|---|---|
| Oucchda | 34, 42, 29 | | | | |
| Oucchda | 34, 40, 54 | | 4, 8, 0 |
| Tesa | 34, 9, 32 | | 6, 0, 15 |
| FEZ | 34, 6, 5 | | 7, 18, 30 |
| Rabat | 34, 4, 27 | | 8, 37, 30 |
| Mequinez | 33, 38, 50 | | 7, 50, 15 |
| Darbeida | 33, 37, 40 | | 9, 30, 0 |
| Azamor | 33, 17, 46 | | 10, 24, 15 |
| MAROC | 33, 37, 31 | | 9, 55, 45 |
| Souera ou Mogador | 31, 31, 40 | | 31, 55, 45 |

Route d'Ali Bey
Entrée des Caravanes
Détaux de Trieste
Tr. Tribus d'Arabes

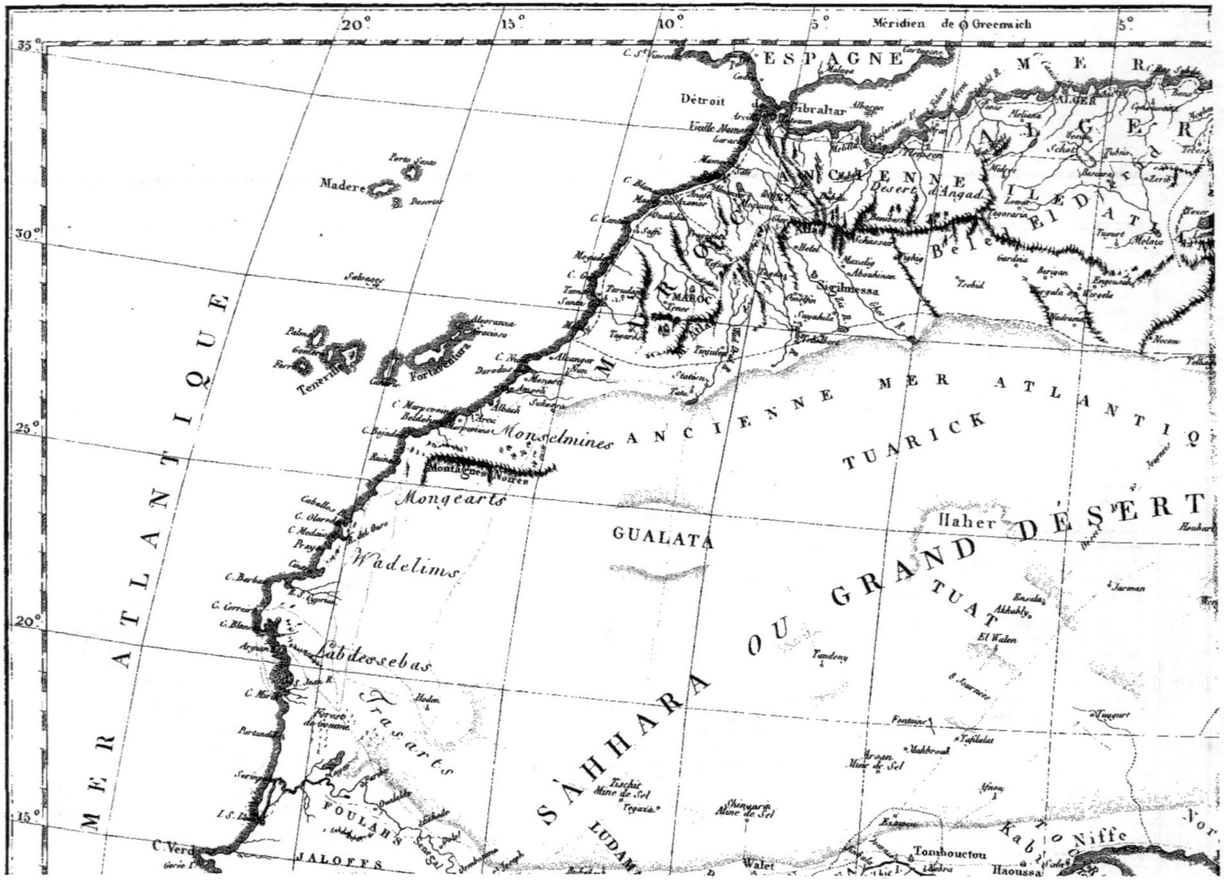

MER ATLANTIQUE

MER ATLANTIQUE ANCIENNE TUNRICK

GRAND DÉSERT OU SAHARA

ESPAGNE

Détroit de Gibraltar

Méridien de Greenwich

GUALATA

LUDAM

POULANS

JALOFFS

TRASARTS

Madère

Canaries

Monquarts

Madelinus

Habitossebas

C. Verd

Kab oNiffe

Haoussa

Tombouctou

MER MÉDITERRANÉE

MER ATLANTIQUE

GRAND DÉSERT

TUARICK NOMADE

TUARIK Nomade

TRIPOLI

FEZZAN

Mons Ater

Sidra ou Syrtis

Désert de Barca

Désert d'Audjelah

Lebeta

L'Ibou Levata

TIBBO

KANEM

BORNOU

Cubbabiish

Désert

Dongola

Bahiou

Daura

Pays Ferill

NOR KASSINA

Haber Tuat

GRAND DÉSERT

TUNIS

ALGER

Partie submergée de l'ancienne Atlantide

SICILE

Malte

Candie

Morée

ASIE

L'ile de Chypre

Lac un Medrassi

30°

25°

20°

15°

10°

5°

0°

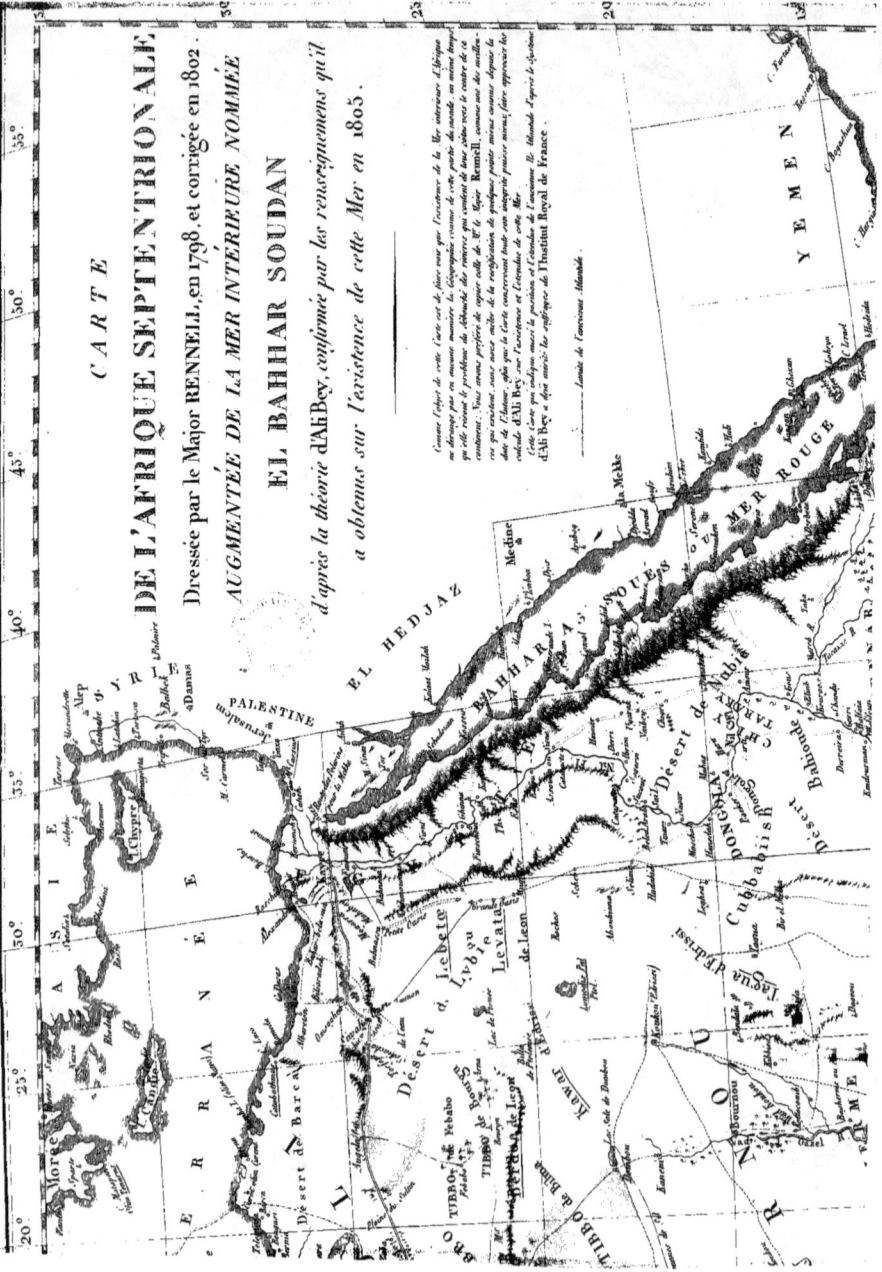

# CARTE
## DE L'AFRIQUE SEPTENTRIONALE

Dressée par le Major RENNELL, en 1798, et corrigée en 1802

### AUGMENTÉE DE LA MER INTÉRIEURE NOMMÉE
### EL BAHHAR SOUDAN

*d'après la théorie d'Ali Bey, confirmée par les renseignemens qu'il*
*a obtenus sur l'existence de cette Mer en 1803.*

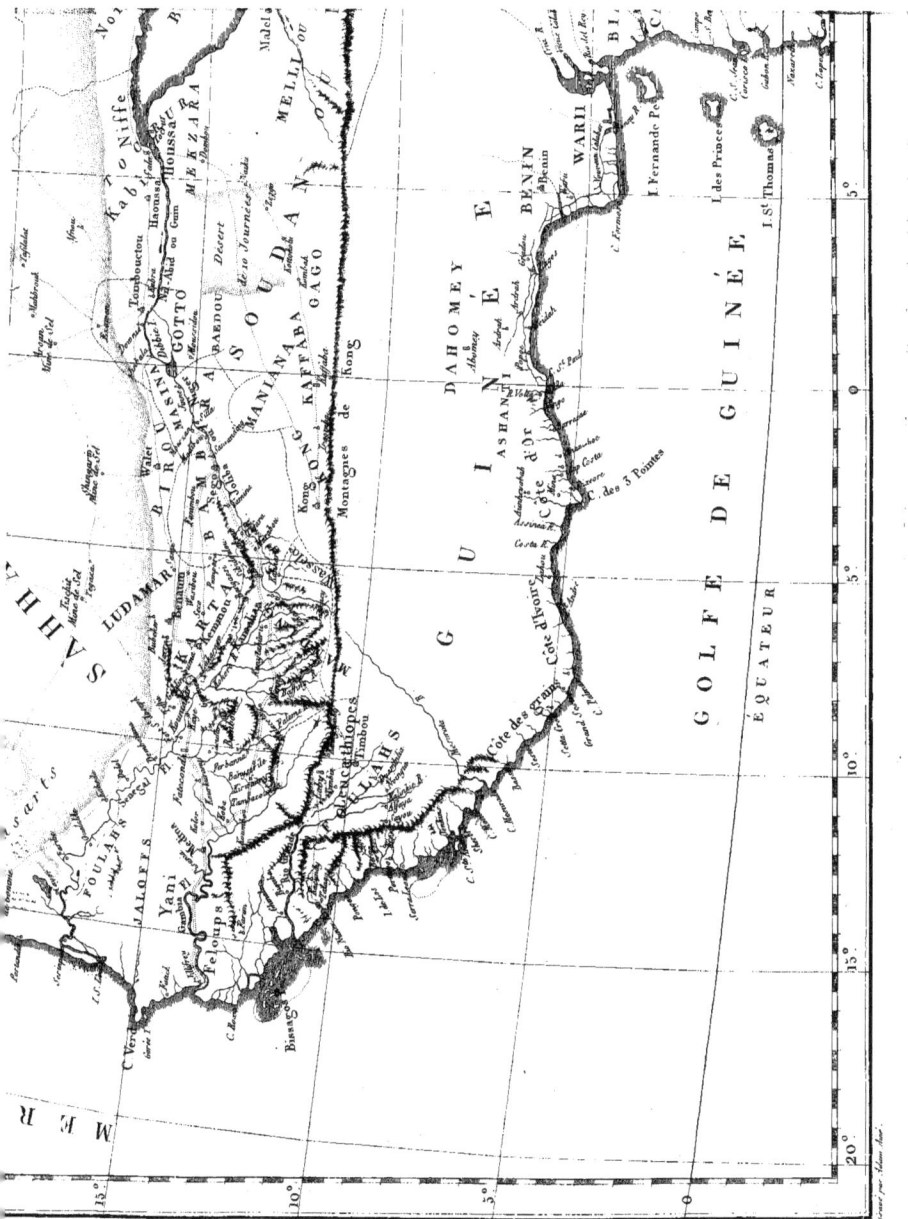

SAHHVS

MER

R

POULAHS
JALOFFS
Yani
Felonps
Bissago

LUDAMAR
KAARTA
BAMBARA
MANDINGS
Les Cathiopes
Timbou

Côte des Grain
Côte d'Ivoir
Côte d'Or

BIROU
MASINA
GOTTO
MANIANABA
KONG KAFFABA GAGO
Montagnes de Kong

SOUDAN
MELLI OU

HOUSSA
MEKZARA
Tombouctou

DAHOMEY
Abomey
ASHANTI

GUINÉE

BENIN
WARII

GOLFE DE GUINÉE

ÉQUATEUR

I. Fernando Po
I. des Prince
I. St Thomas

5°
0°
5°
10°
15°
20°

15°
10°
5°
0°

MER

TIGRE

SENNAR

Fazulo

Cambat

GINGIRO

Zebi R.

Caffa

DONGOLA

Desct Bahiompe

Cubbadiis

Tagra d

KORDOFAN

Nuelaw

DARFOUR

Cobbe

DIONGA

Koman ou Mobba

Montagnes

MARFIA

BAGHERME

DAR-FULLA

Bahr Salle I.

NOUR

Kano

Kossa

Colum Gana

Daura

BAH HAR SOUDAN
ou Mer de la Nigricie

MELLI OU IAMLEM

OU NIGRICIE

Male

Il est probable que les Montagnes de Kong et forment y celles
de Komri ou de la Lune par cette ligne, puisqu'on voit les eaux
s'écouler au Nord et au Sud.

BIAFRA

CALBONGAS

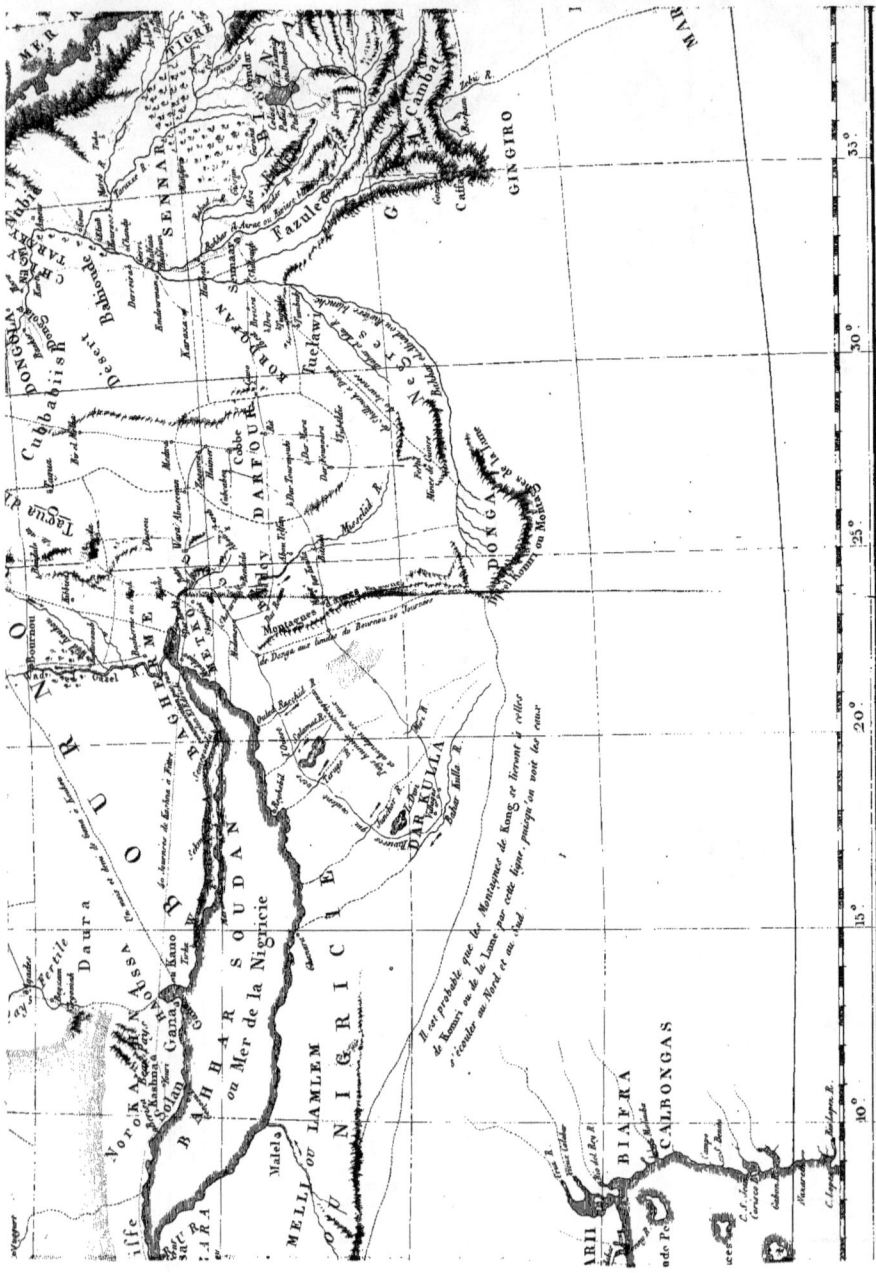

40°      15°      20°      25°      30°      33°

YEMEN

MER ROUGE

OCÉAN INDIEN

AZANIA (de Ptol.)

ADEL

FATIGAR

MACHIDAS

MARACATOS

BALI

TIGRE

GINGIRO

Cambat

SENNAR

Fazule

CHANGALLAS

TARAKA

DARFOUR

DONGA

Montagnes de la Lune

Bab el Mandeb Détroit

Côt. déserte et aride

Mont'Blanc du Bornou au dessus des Bornous ou Bournou

Côt. déserte et aride

Gravé par G.º Cham.

C. Ras Gunbibe

Djebel Ongunanntin

R A S S O

Tropique du Cancer

PARTIE D'AFRIC

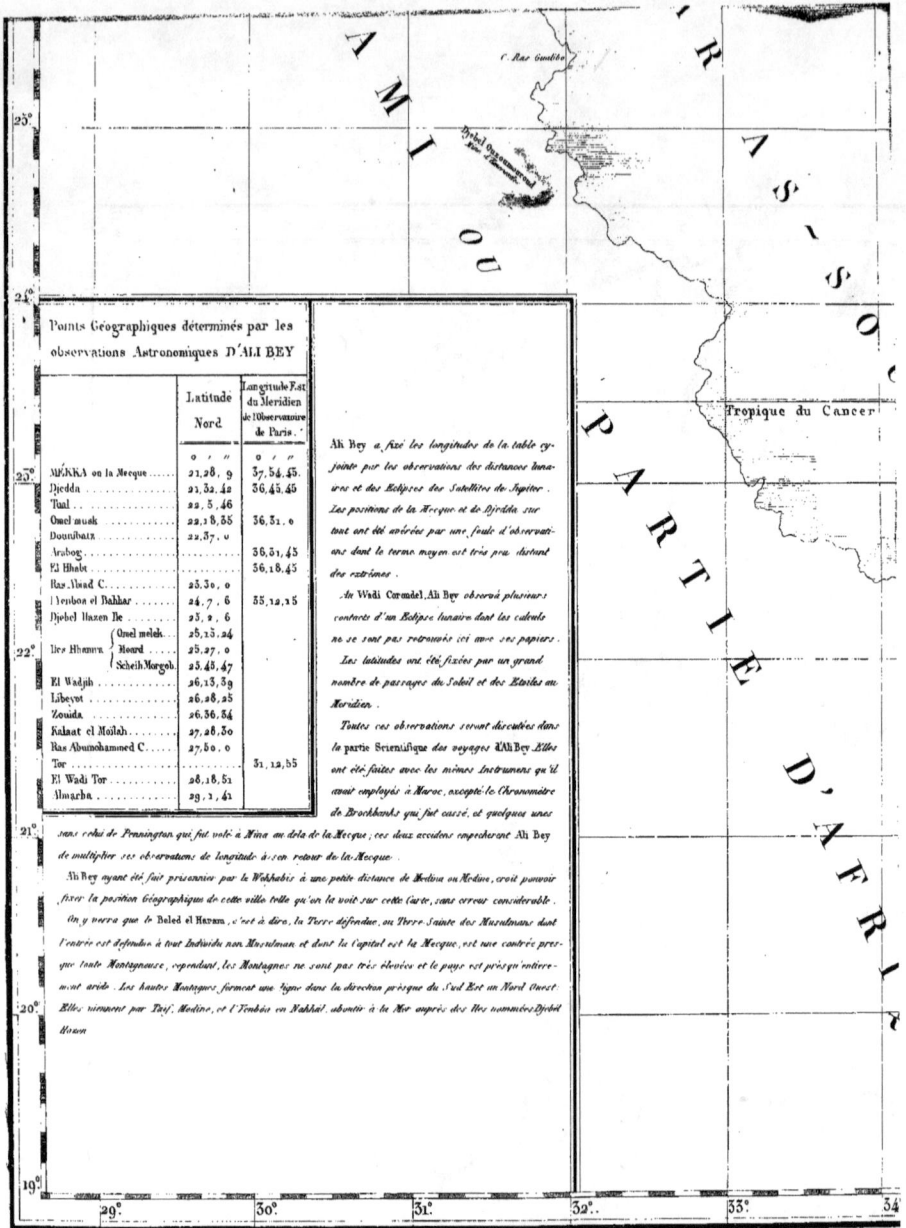

## Points Géographiques déterminés par les observations Astronomiques D'ALI BEY

| | Latitude Nord | Longitude Est du Meridien de l'Observatoire de Paris. |
|---|---|---|
| | o ʹ ʺ | o ʹ ʺ |
| MEKKA ou la Mecque ...... | 21,28, 9 | 37,54,45. |
| Djedda .................. | 21,32,42 | 36,45,45 |
| Tual .................... | 22, 5 ,46 | |
| Omel muck .............. | 22,18,55 | 36,31, 0 |
| Dounibair .............. | 22,37, 0 | |
| Arabog ................. | | 36,51,43 |
| El Hhabt ............... | | 36,18,45 |
| Ras Abad C. ............ | 23,30, 0 | |
| Yenbou el Bahhar ...... | 24, 7, 6 | 35,12,15 |
| Djebel Hazen Ile ...... | 25, 2, 6 | |
| Iles Hhamra { Ouel melek | 25,13,24 | |
| { Hoard | 25,27, 0 | |
| { Scheih Morgab. | 25,43,47 | |
| El Wadjih .............. | 26,13,39 | |
| Libeyot ................ | 26,28,25 | |
| Zouida ................. | 26,36,54 | |
| Kalaat el Moilah ....... | 27,28,30 | |
| Ras Abumohammed C. .... | 27,50. 0 | |
| Tor .................... | | 31,12,55 |
| El Wadi Tor ........... | 28,18,51 | |
| Almacha ............... | 29, 1 ,41 | |

Ali Bey a fixé les longitudes de la table cy-
jointe par les observations des distances lunaires et des Eclipses des Satellites de Jupiter.
Les positions de la Mecque et de Djidda sur
tout ont été avérées par une foule d'observations dont le terme moyen est très peu distant
des extrêmes.

Au Wadi Caramdel, Ali Bey observa plusieurs
contacts d'un Eclipse lunaire dont les calculs
ne se sont pas retrouvés ici avec ses papiers.

Les latitudes ont été fixées par un grand
nombre de passages du Soleil et des Etoiles au
Meridien.

Toutes ces observations seront discutées dans
la partie Scientifique des voyages d'Ali Bey. Elles
ont été faites avec les mêmes Instruments qu'il
avait employés à Maroc, excepté le Chronomètre
de Brockbanks qui fut cassé, et quelques unes

sans celui de Pennington qui fut volé à Mina au delà de la Mecque; ces deux accidens empechèrent Ali Bey
de multiplier ses observations de longitude à son retour de la Mecque.

Ali Bey ayant été fait prisonnier par les Wehhabis à une petite distance de Medina ou Medine, croit pouvoir
fixer la position Géographique de cette ville telle qu'on la voit sur cette Carte, sans erreur considerable.

On y verra que le Beled el Haram, c'est à dire, la Terre défendue, ou Terre Sainte des Musulmans dont
l'entrée est défendue à tout Individu non Musulman et dont le Capital est la Mecque, est une contrée presque toute Montagneuse, cependant, les Montagnes ne sont pas très élevées et le pays est presqu'entièrement aride. Les hautes Montagnes forment une ligne dans la direction presque du Sud Est au Nord Ouest.
Elles viennent par Taïf, Medine, et l'Tenbou ou Nahhal, aboutir à la Mer auprès des Iles nommées Djebel
Hazen

Longitude Est

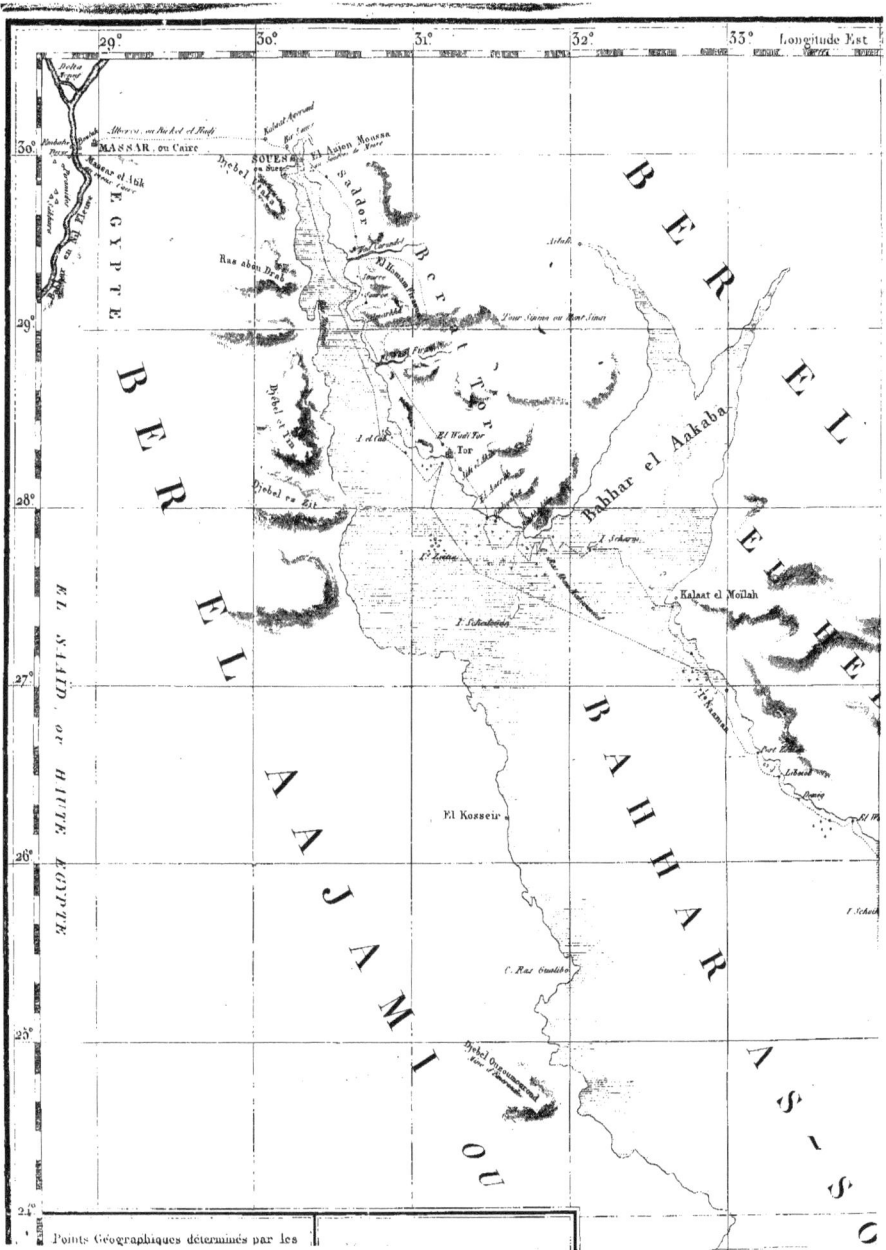

Delta
Mansourah Pacem

Attaras, ou Bichet el Haßi
MASSAR, ou Caire
Manar el Atik

E G Y P T E

Kalaat Agroud
Bir Suez
SOUES  El Asion Monésa
Djebel ou Suez  Faere
Saddor

Ras aban Drah

Ber el Tor

Djebel et Tih

Djebel ra Zit

EL SAÏD, or HUTE ÉGYPTE

BER EL EL AAJAMI ou

I El Cala
El Wadi Tor
Tor

B E R   E L

Tour Sinaou ou Mont Sinai

Bahhar el Aakaba

E L   H E

Kalaat el Moïlah

B A H H A R

El Kosseir

El Ismailia

C. Ras Guelibe

Djebel Ouqoumoumoud

A S – S O

30°

29°

28°

27°

*CARTE*

# DE LA CÔTE D'ARABIE

## SUR LA MER ROUGE

Construite par

# ALI BEY EL ABBASSI

d'apres ses propres observations et ses recherches.

———————◊———————

..... *Routes* d'Ali Bey

. *Points de relache ou stations*

1°. *Premier naufrage* d'Ali Bey

2.° *Second naufrage*

✳ *Endroit ou il fut fait prisonnier par les Wehhabis*

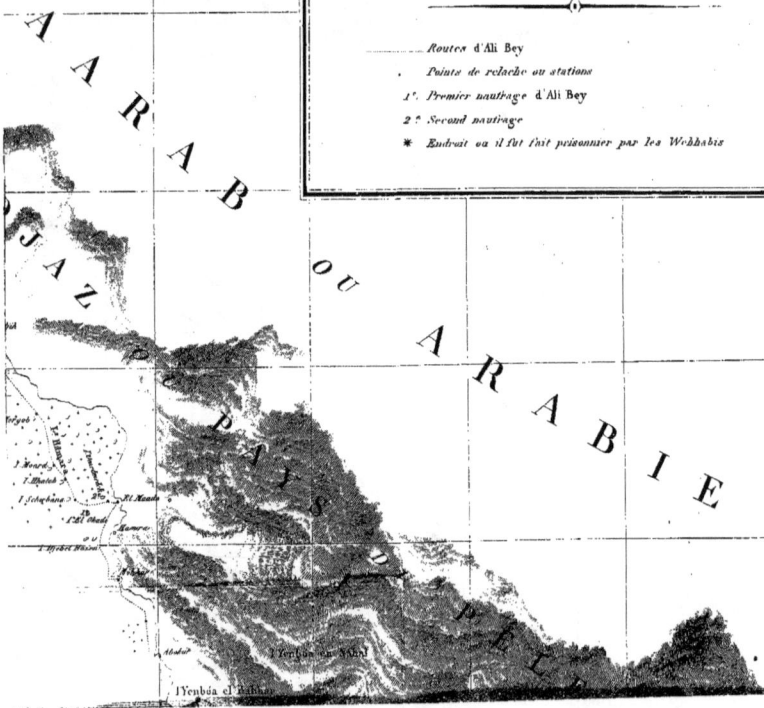

A R A B

DJAZ

ou A R A B I E

PAYS DU PEL

26°

25°

Yenbúa el Bahan

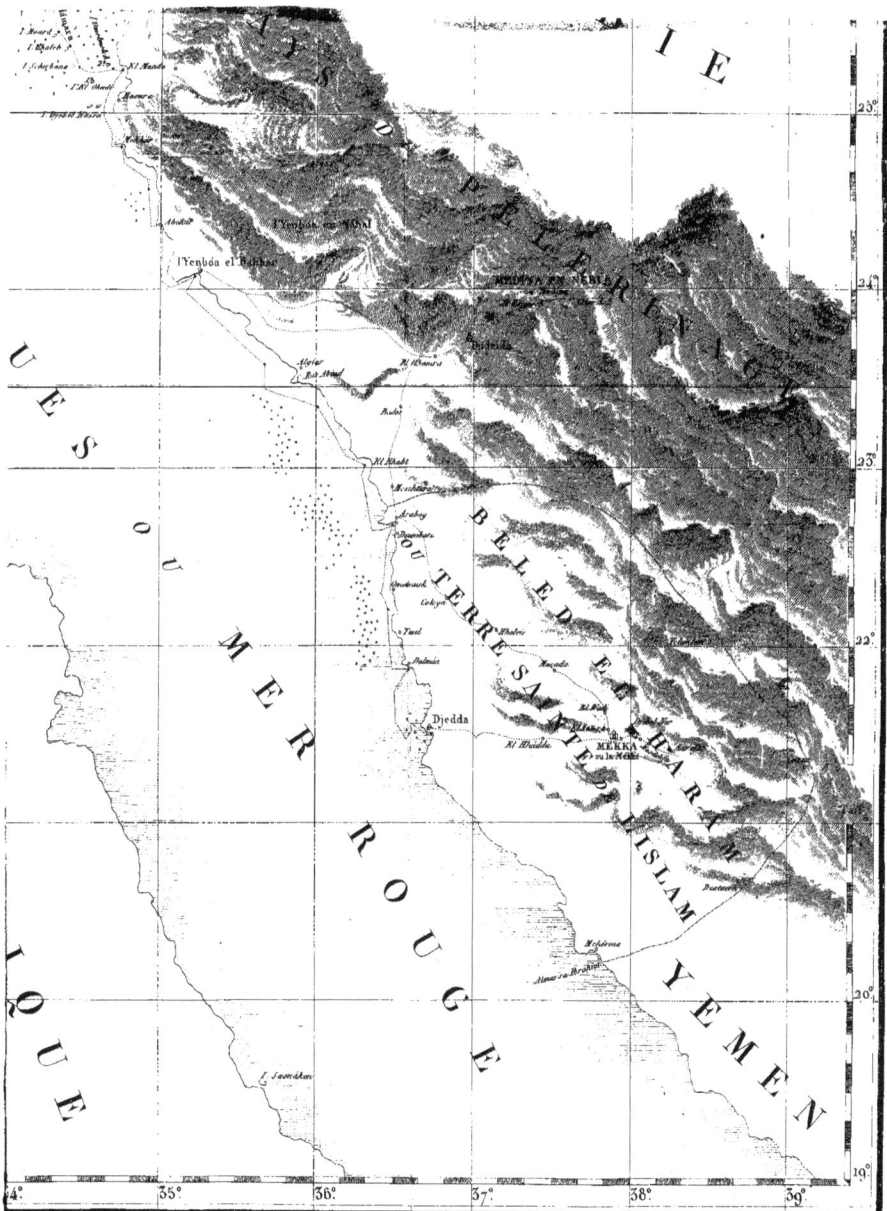

PAYS DU PÉLERINAGE

ARABIE

I. Henard
I. Dhaleb
I. Schybana
I. Al Ohdé
El Manfu
I. Oriss el Hassan

Abutkell
l'Yenbóa ou Yônal
l'Yenbóa el Bakhar
Aljiar
Bah Abad
Badei
El Khabt
Mastoura
Arabay
Dgandab
Nowdroich
Gekya
Taal
Palmira
Djedda

Dsidsida
El Hhameri

BELED EL HARAM

TERRE SAINTE DE L'ISLAM

Khabei
Hasada
El Riah
El Asfock
El Hhadda
MEKKA
ou la Mecque

Mehórma
Almaira Ibrahim

YEMEN

GOLFE ou MER ROUGE

AFRIQUE

I. Samihan

25°
24°
23°
22°
20°
19°

34°   35°   36°   37°   38°   39°

MER ATLANTIQUE

ESPAGNE

MER R...

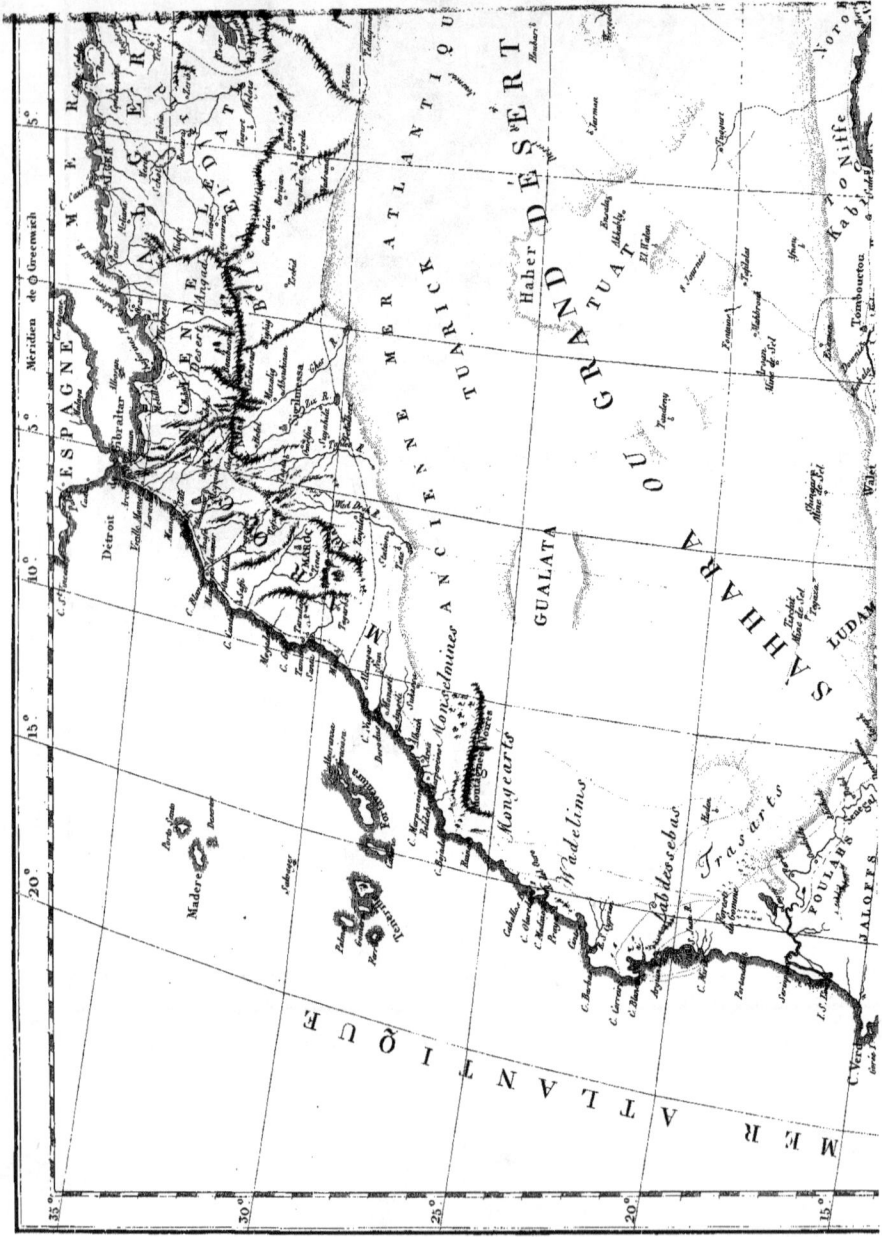

Meridien de ô Greenwich

Gibraltar
Détroit

MAROC

ZA... LEDAT
BIDAT
CENNE

ANCIENNE MER TUNRICK ATLANTIQUE

GRAND DÉSERT

OU SAHARA

TUAT

Haber

GUALATA

LUDAM

Niffe

Noro

Tombouctou

Madère

Canaries

Monçelmines

Monçarfs

Wadelims

Trasarts

Sablessebas

POULHS

C. Verd

MER ATLANTIQUE

5° 5° 10° 15° 20°

35° 30° 25° 20° 15°

PALESTINE

A S I E

TURQUIE D'ASIE

Mer Méditerranée

M E R   M É D I T E R R A N É E

SICILE

Morée

L'Chypre

Candie

Désert de Barca

Désert de Lebeta

Désert de l'Ibou Levata

Kawar

Desert de

DONGOLA

Cubbabis R.

Lac Noua d'Aïssi

Sidra ou Syrtis

Partie submergée de l'ancienne Atlantide

Mons Ater

TRIPOLI

Z A A R A

B O U R N O U

Daura

Pays Fertile

TUARIK Nomades

Torrent de Mass ron

MER ATLANTIQUE

GRAND DÉSERT

Haher DESERT

TUAT

Tombouctou

HOUSSA

Kano

Kabo Niffe

ASSA

R O Y A U M E   D E   T U N I S

F E Z

BELEDAT

TIBBO

TIBBO de Pehabo

TIBBO de Bourou

TIBBO de Arna

TIBBO de Igou

TIBBO de Fhba

Mouzrouk

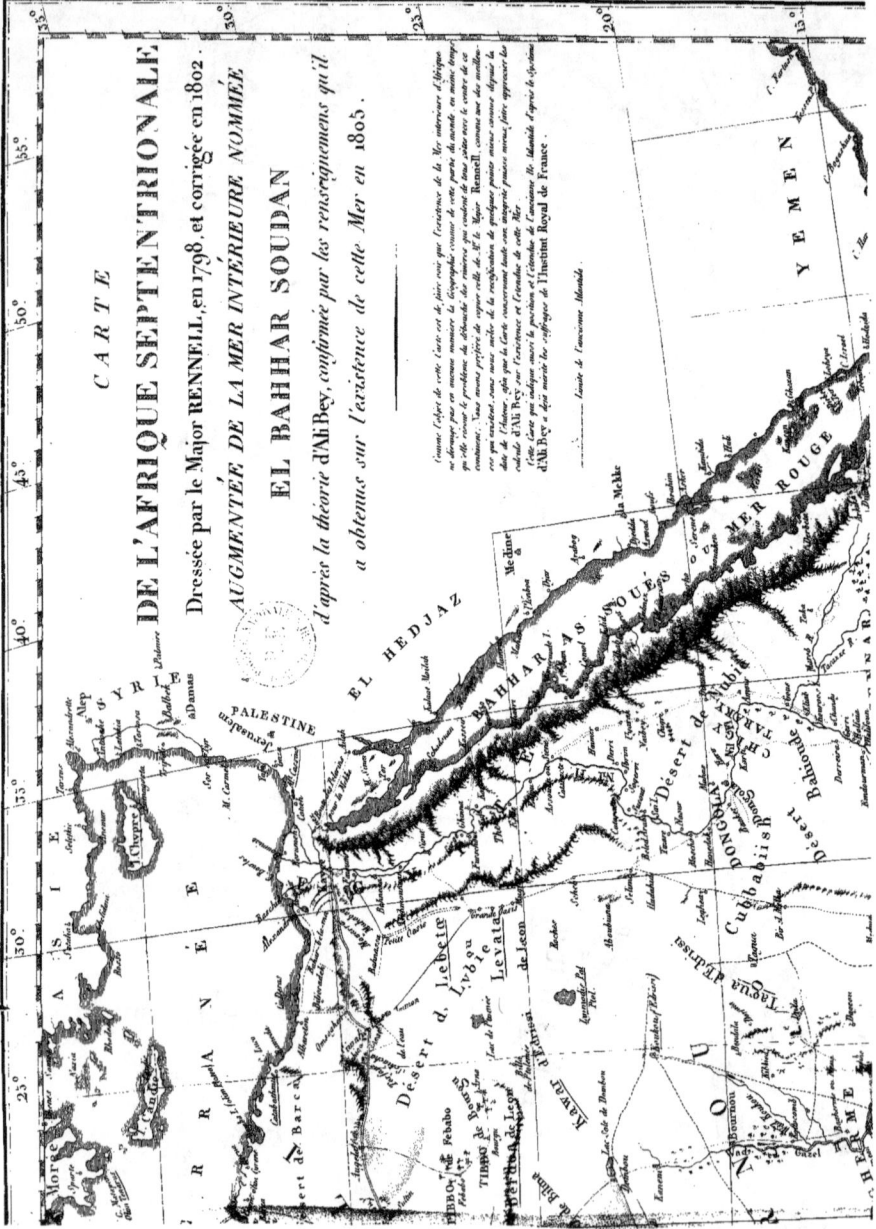

C A R T E

# DE L'AFRIQUE SEPTENTRIONALE

Dressée par le Major RENNELL, en 1798, et corrigée en 1802.

*AUGMENTÉE DE LA MER INTÉRIEURE NOMMÉE*

## EL BAHHAR SOUDAN

*d'après la théorie d'Ali-Bey, confirmée par les renseignemens qu'il
a obtenus sur l'existence de cette Mer en 1803.*

SAHHARA
LUDAMAR
FOULAHS
JALOFFS
Yani
Feloups
C. Verd
Bissagos
BIROU
MASINA
GOTTO
Tombouctou
Haoussa
Houssa
MEKZARA
BAEDOU
Désert
de 10 Journées
SOUDAN
MANIANA
KONG
KAFFABA
GAGO
MELLI ou
Malela
Montagnes de Kong
Leucæthiopes
Timbou
FOULAHS
Sego
Joliba
Benaum
KARTA
Kong
Walet
Tischit Mine de Sel
GUINÉE
DAHOMEY
Abomey
ASHANTI
Côte d'Or
Côte d'Ivoire
Côte des grains
C. des 3 Pointes
BENIN
Benin
WARII
C. Formoso
I. Fernando Po
I. des Princes
I. St. Thomas
GOLFE DE GUINÉE
ÉQUATEUR
Rio Grande
Gambia
Senegal
20°
15°
10°
5°
0
Gravé par Adam Aîné.

GINGIRO

SENNAR

Camba

Fazule

Desert Bahiouda

TARA

Koubbabia

Taqua

KORDOFAN

DARFOUR

Cobbé

Wad'ey

Montagnes d'apres Browne

Bournou

BORNOU

DONGA

La Lune

Debel Kumri ou Montagnes de la Lune

DAR-KULLA

BAGHIRME

BOURNOU

Daura

Kano

Kashna

Noro

NASSA

Ganat

Soudan

BAHR SOUDAN ou Mer de la Nigricie

SOUDAN

NIGRICIE OU

MELLI OU LAMLEM

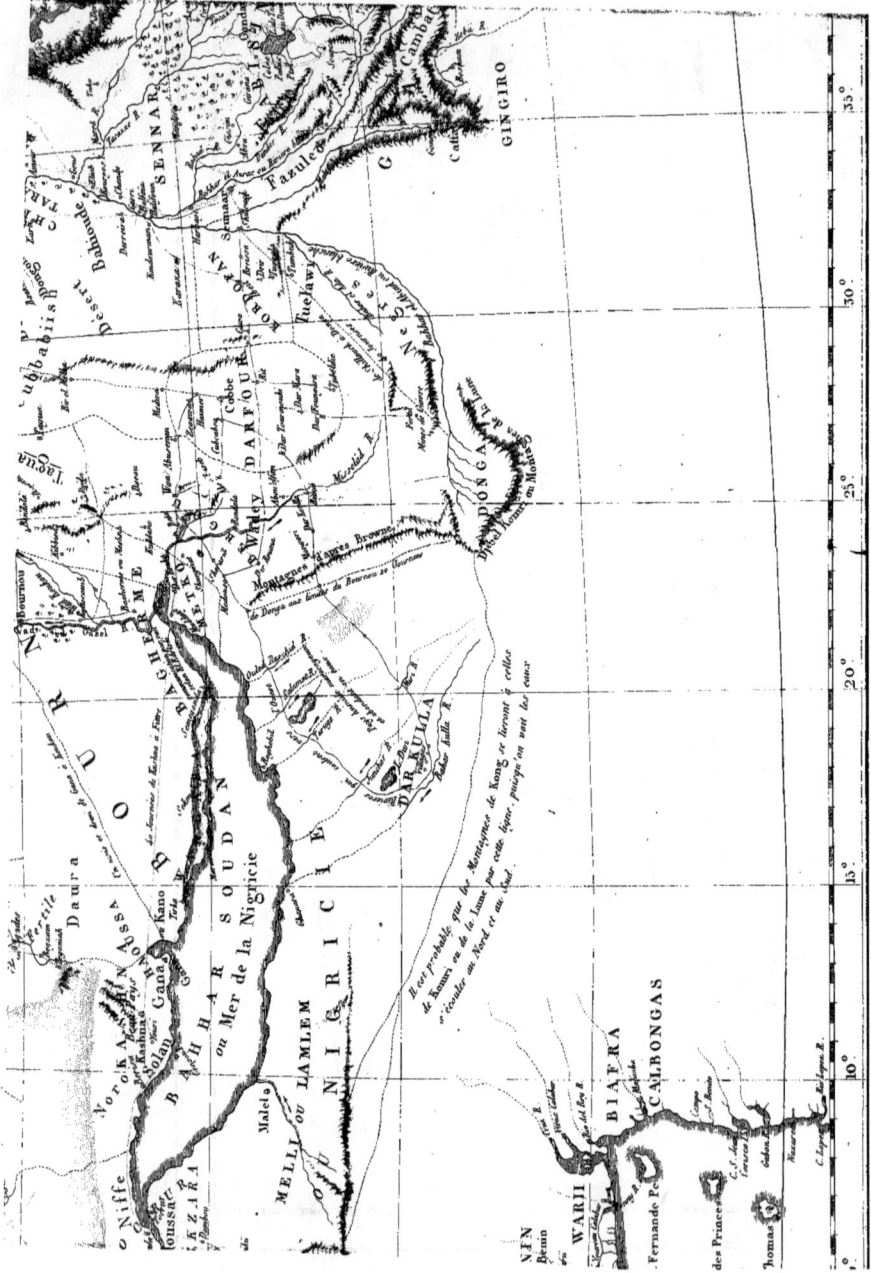

Il est probable que les Montagnes de Kong se lient à celles de Kumri ou de la Lune par cette ligne, puisque on voit les cours s'écouler au Nord et au Sud.

NIN
Benin

WARII

BIAFRA

CALBONGAS

Fernando P.

des Princes

Thomas

0°     5°     10°     15°     20°     25°     30°     33°

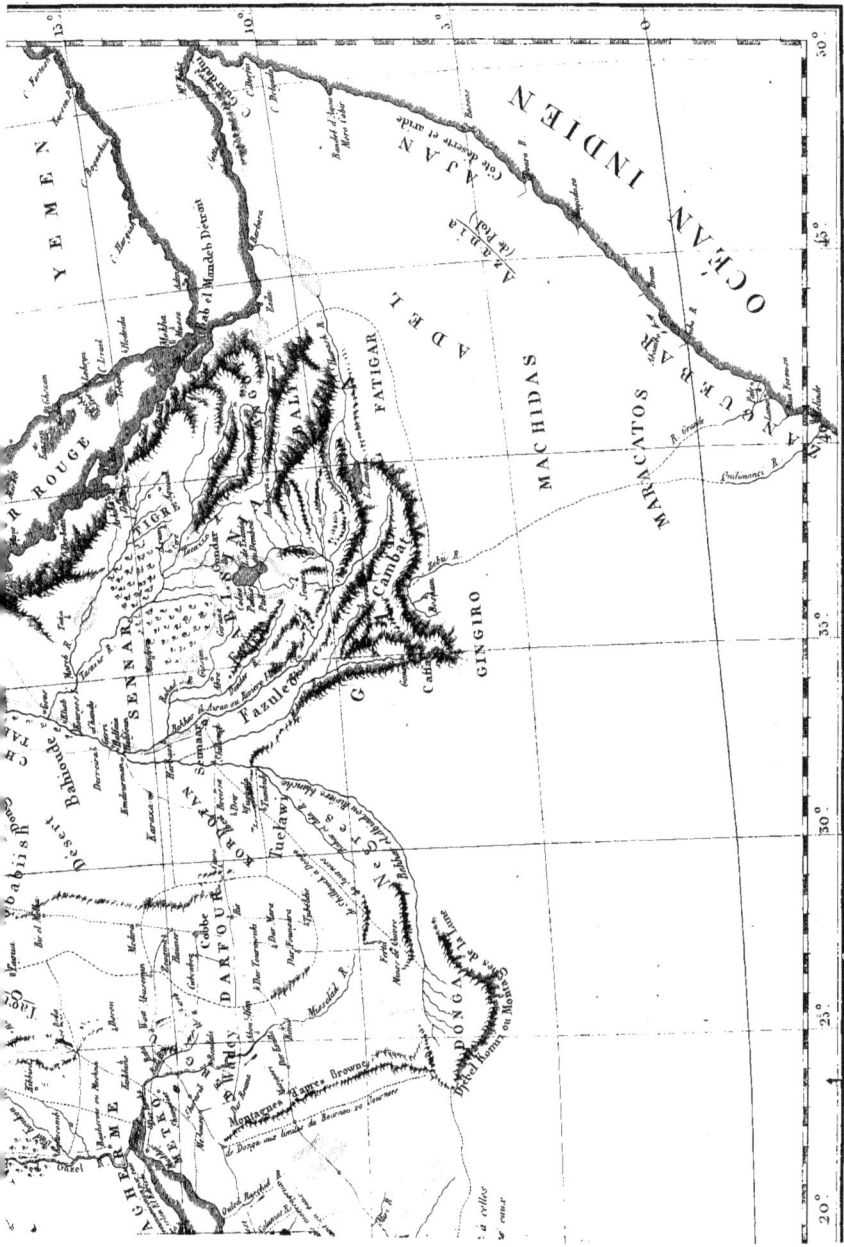

MI OU

LAS·S

PARTIE D'AFR

Tropique du Cancer

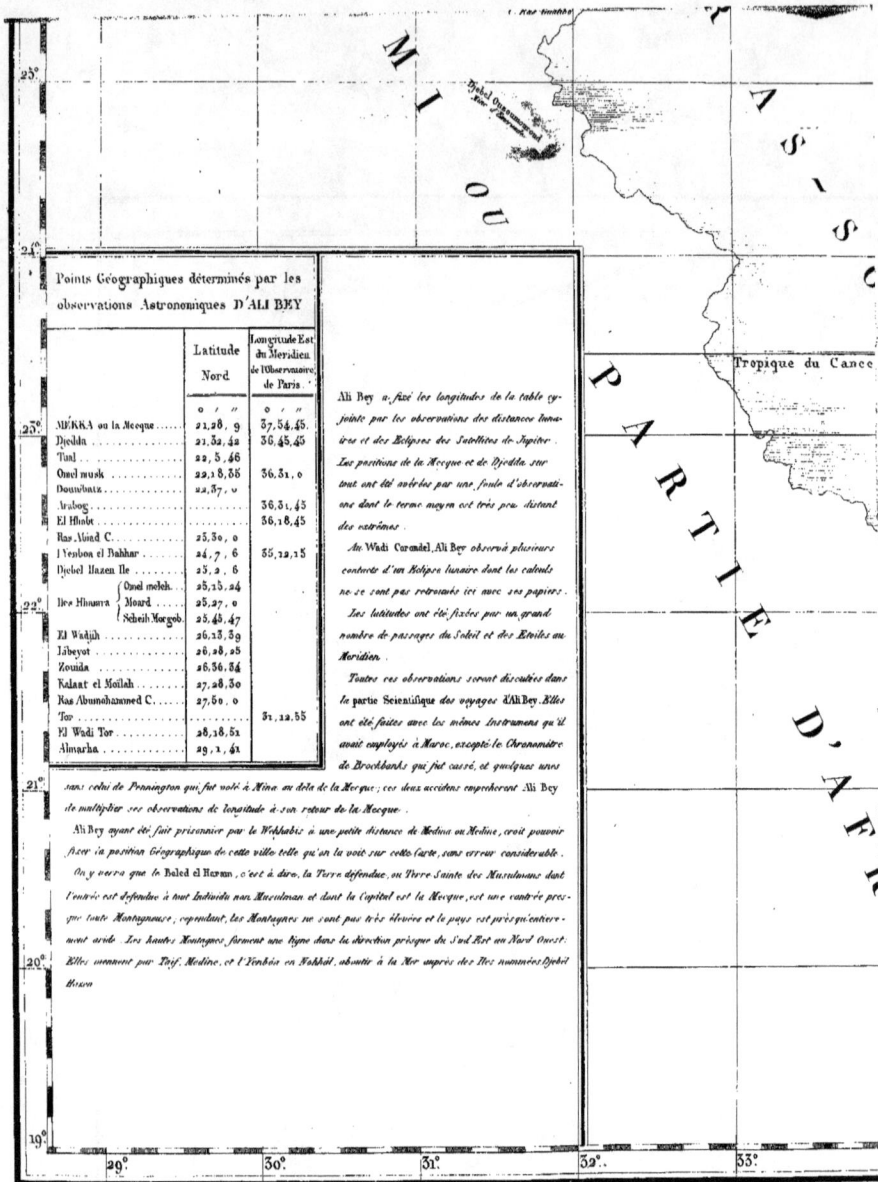

**Points Géographiques déterminés par les observations Astronomiques D'ALI BEY**

| | Latitude Nord | Longitude Est du Meridien de l'Observatoire de Paris |
|---|---|---|
| | o ′ ″ | o ′ ″ |
| MEKKA ou la Mecque . . . . . | 21,28, 9 | 37,54,45 |
| Djedda . . . . . . . . . . . . | 21,32,42 | 36,45,45 |
| Tual . . . . . . . . . . . . | 22, 5,46 | |
| Omel moïk . . . . . . . . . | 22,18,55 | 36,31, 0 |
| Doumbara . . . . . . . . . . | 22,37, 0 | |
| Araboçi . . . . . . . . . . . | | 36,31,45 |
| El Hhoht . . . . . . . . . . | | 36,18,45 |
| Ras Mond C. . . . . . . . . | 23,30, 0 | |
| I Yenboa el Bahhar . . . . | 24, 7, 6 | 35,12,15 |
| Djebel Hazen Ile . . . . . | 25, 2, 6 | |
| Iles Hhoarra { Omel meleh. | 25,15,24 | |
|     { Moard | 25,27, 0 | |
|     { Scheih Morgeb. | 25,43,47 | |
| El Wadjih . . . . . . . . . | 26,13,59 | |
| Jabeyot . . . . . . . . . . | 26,28,25 | |
| Zouida . . . . . . . . . . . | 26,56,54 | |
| Kalaat el Moïlah . . . . . | 27,28,30 | |
| Ras Abumohammed C. . . . | 27,50, 0 | |
| Tor . . . . . . . . . . . . | | 31,12,55 |
| El Wadi Tor . . . . . . . . | 28,18,51 | |
| Almarha . . . . . . . . . . | 29, 1, 41 | |

Ali Bey a fixé les longitudes de la table cy-
jointe par les observations des distances lunaires et des Eclipses des Satellites de Jupiter.
Les positions de la Mecque et de Djedda sur
tout ont été arrêtées par une foule d'observations dont le terme moyen est très peu distant
des extrêmes.

Au Wadi Corondel, Ali Bey observa plusieurs
contacts d'un Eclipse lunaire dont les calculs
ne se sont pas retrouvés ici avec ses papiers.

Les latitudes ont été fixées par un grand
nombre de passages du Soleil et des Etoiles au
Meridien.

Toutes ces observations seront discutées dans
la partie Scientifique des voyages d'Ali Bey. Elles
ont été faites avec les mêmes Instrumens qu'il
avoit employés à Maroc, excepté le Chronomètre
de Brockbanks qui fut cassé, et quelques unes
sans celui de Pennington qui fut volé à Mina au delà de la Mecque; ces deux accidents empêchèrent Ali Bey
de multiplier ses observations de longitude à son retour de la Mecque.

Ali Bey ayant été fait prisonnier par le Wehhabis à une petite distance de Medina ou Medine, croit pouvoir
fixer la position Géographique de cette ville telle qu'on la voit sur cette Carte, sans erreur considerable.
On y verra que le Baled el Harom, c'est à dire, la Terre défendue, ou Terre Sainte des Musulmans dont
l'entrée est défendue à tout Individu non Musulman et dont la Capital est la Mecque, est une contrée presque toute Montagneuse, cependant, les Montagnes ne sont pas très élevées et le pays est presqu'entièrement aride. Les hautes Montagnes forment une ligne dans la direction presque du Sud Est au Nord Ouest;
Elles traversent par Taif, Medine, et l'Yenbôa en Nakhhil, aboutir à la Mer auprès des Iles nommées Djebel
Hazen

25°
24°
23°
22°
21°
20°
19°

29°  30°  31°  32°  33°

Longitude

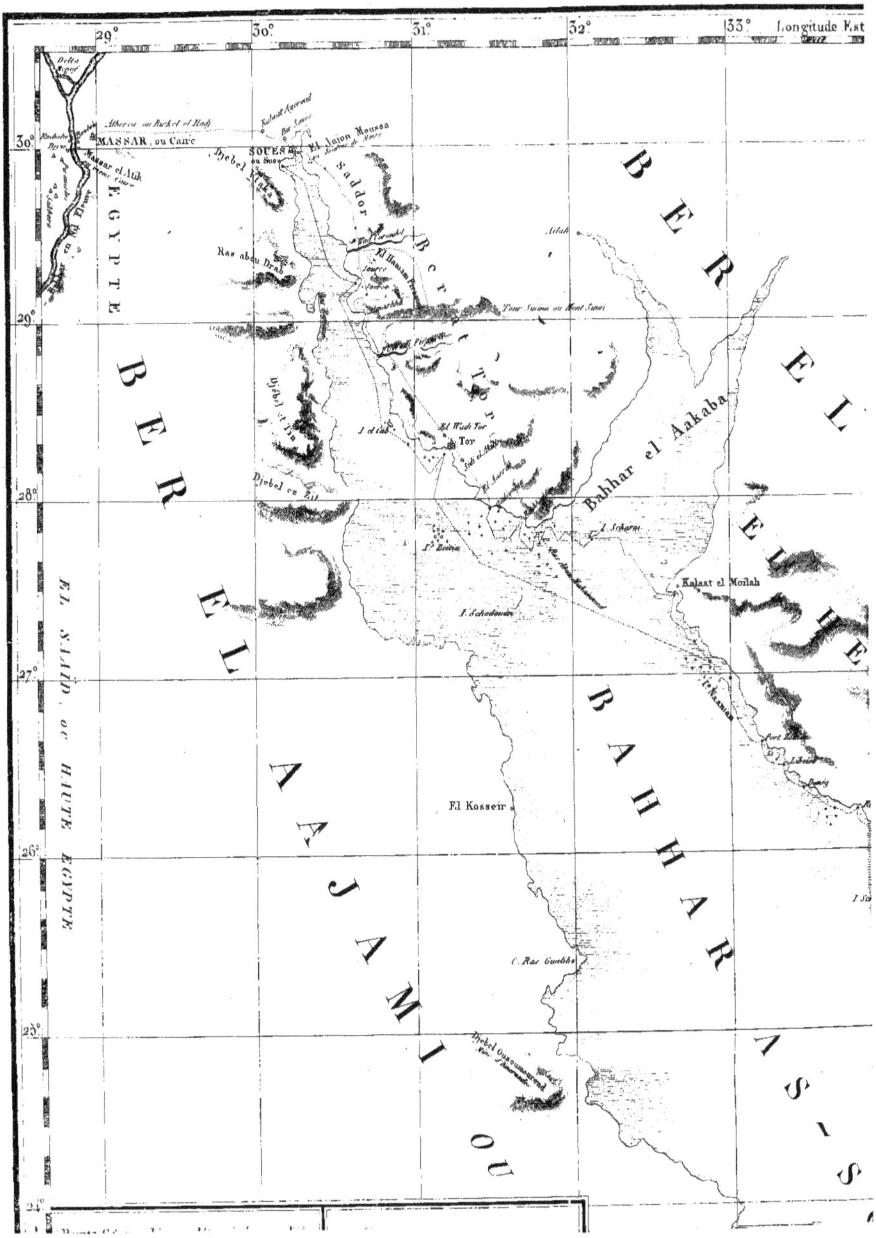

Longitude Est

29° 30° 31° 32° 33°

Delta Rajat

MASSAR ou Caire

SOUESS ou Suez

EGYPTE

BER EL

BER EL EL FE

BER EL EL AAJAMI OU

EL SAID, ou HAUTE EGYPTE

Bahhar el Aakaba

BAHHAR AS S

El Kosseir

Kalaat el Moilah

El Wadi Tor

Toy

C. Ras Guebbe

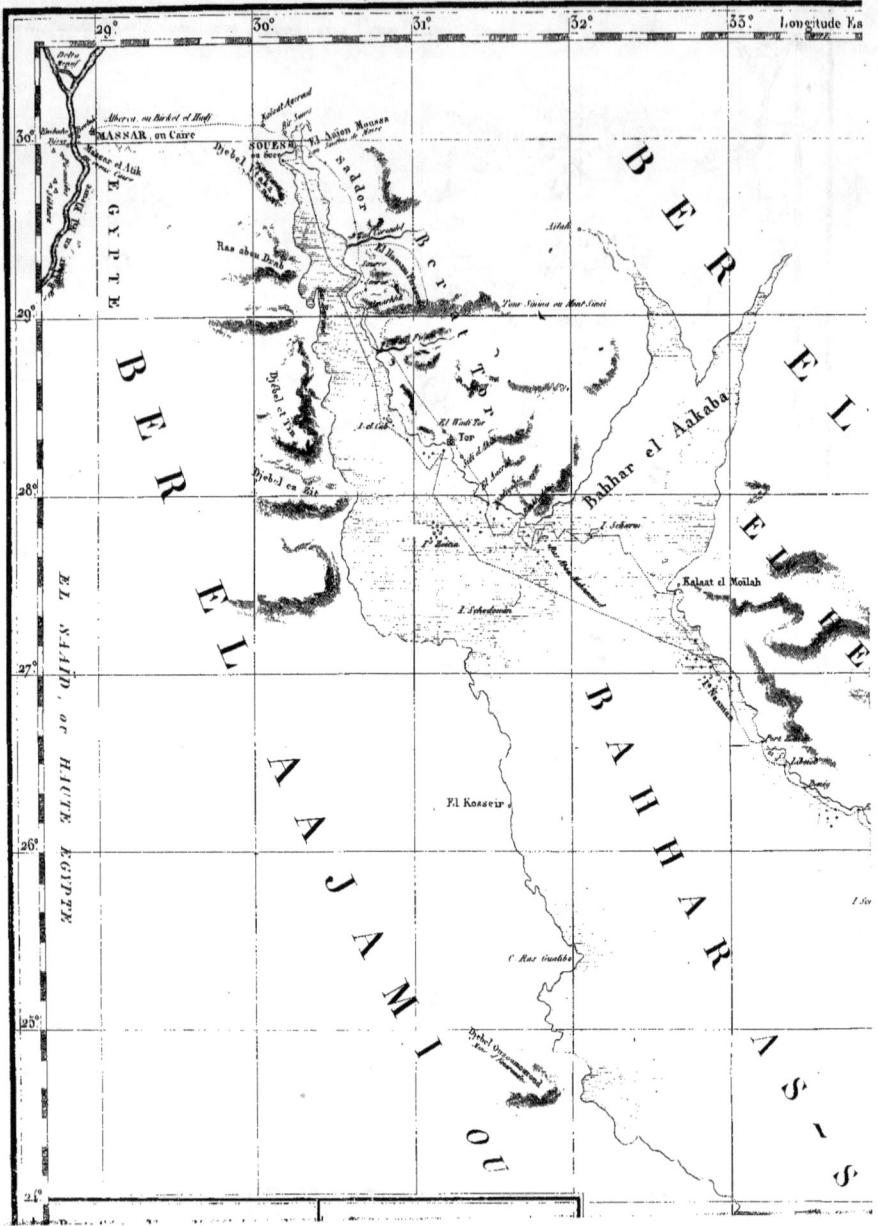

M I O U

A S S O

C. Ras Gratbat

Djebel Onacamand

24°

Tropique du Cancer

P A R T I E   D'A F R I

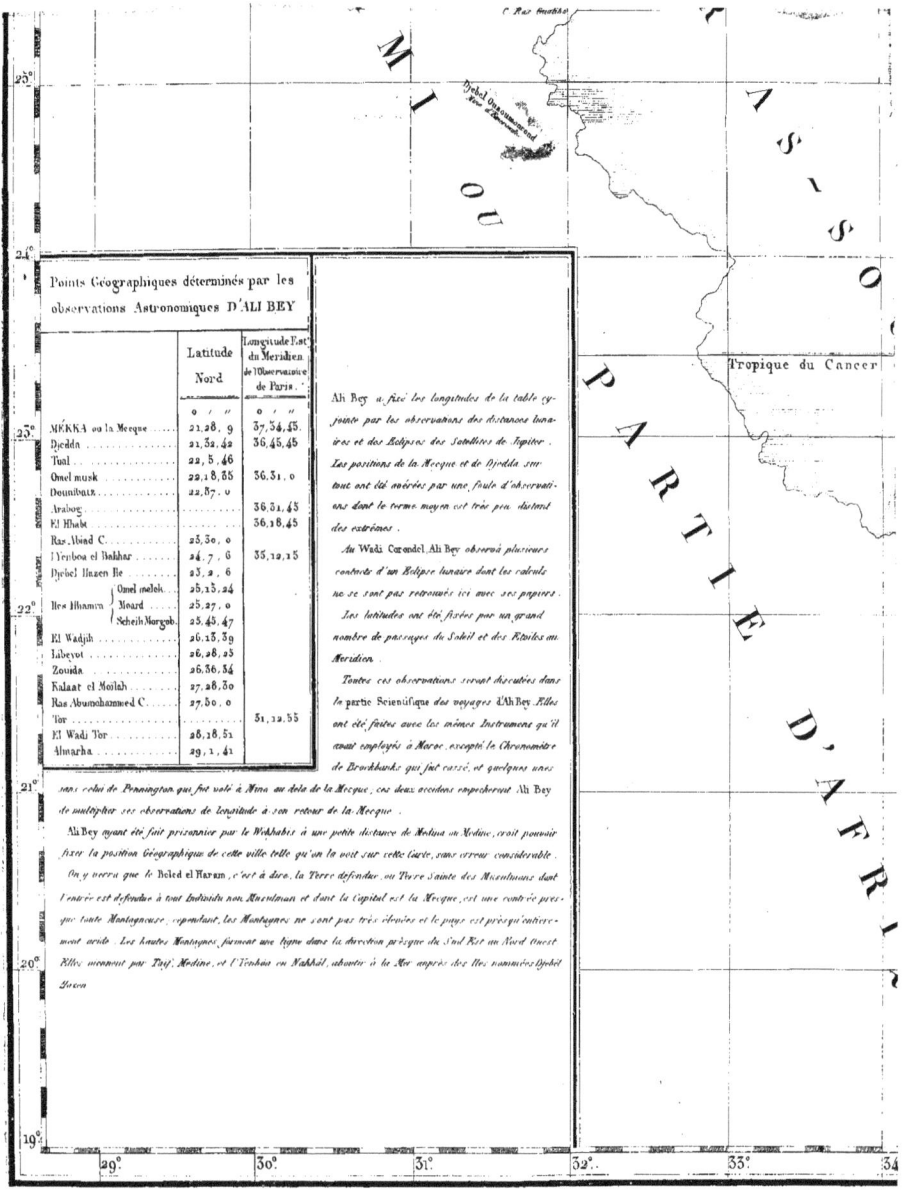

**Points Géographiques déterminés par les observations Astronomiques D'ALI BEY**

| | Latitude Nord | Longitude Est du Meridien de l'Observatoire de Paris |
|---|---|---|
| | o ′ ″ | o ′ ″ |
| MEKKA ou la Mecque ...... | 21,28, 9 | 37,54,45 |
| Djedda ............... | 21,32,42 | 36,45,45 |
| Tual ................. | 22, 5 ,46 | |
| Omel musk ............ | 22,18,55 | 36,31, 0 |
| Dounbaiz ............. | 22,37, 0 | |
| Araboq ............... | | 36,31,43 |
| El Hhabt ............. | | 36,18,45 |
| Ras Abiad C. ......... | 23,30, 0 | |
| Yenboa el Bahhar ..... | 24, 7 , 6 | 35,12,15 |
| Djebel Hazen Be ...... | 23, 2 , 6 | |
| Iles Hhamra { Omel melek | 25,13,24 | |
| { Moard .... | 25,27, 0 | |
| { Scheih Morgob. | 25,45,47 | |
| El Wadjh ............. | 26,13,59 | |
| Labeyot .............. | 26,28,23 | |
| Zouida ............... | 26,36,54 | |
| Kalaat el Moilah ..... | 27,28,30 | |
| Ras Abumohammed C. .... | 27,50, 0 | |
| Tor .................. | | 51,12,55 |
| El Wadi Tor .......... | 28,18,51 | |
| Almarha .............. | 29, 1 ,41 | |

Ali Bey a fixé les longitudes de la table cy-
jointe par les observations des distances lunaires et des Eclipses des Satellites de Jupiter.

Les positions de la Mecque et de Djedda surtout ont été averées par une foule d'observations dont le terme moyen est très peu distant
des extrèmes.

Au Wadi Carandel Ali Bey observa plusieurs
contacts d'un Eclipse lunaire dont les calculs
ne se sont pas retrouvés ici avec ses papiers.

Les latitudes ont été fixées par un grand
nombre de passages du Soleil et des Etoiles au
Meridien.

Toutes ces observations seront discutées dans
la partie Scientifique des voyages d'Ali Bey. Elles
ont été faites avec les mêmes Instrumens qu'il
avait employés à Maroc, excepté le Chronomètre
de Brockbanks qui fut cassé, et quelques unes

sans celui de Pennington, qui fut volé à Mina au dela de la Mecque; ces deux accidens empecherent Ali Bey
de multiplier ses observations de longitude à son retour de la Mecque.

Ali Bey ayant été fait prisonnier par les Wehhabis à une petite distance de Medina ou Medine, croit pouvoir
fixer la position Géographique de cette ville telle qu'on la voit sur cette carte, sans erreur considerable.

On y verra que le Beled el Haram, c'est à dire, la Terre defendue, ou Terre Sainte des Musulmans dont
l'entrée est defendue à tout Individu non Musulman et dont la capital est la Mecque, est une contrée presque toute Montagneuse; cependant, les Montagnes ne sont pas très élevées et le pays est presqu'entiere-
ment aride. Les hautes Montagnes, forment une ligne dans la direction presque du Sud Est au Nord Ouest.
Elles enceinent par Taif, Medine, et l'Yenbaa ou Nahhal, aboutir à la Mer auprès des Iles nommées Djebel
Hazen

19°

A M I   O U   R A S   S
PARTIE D'AF

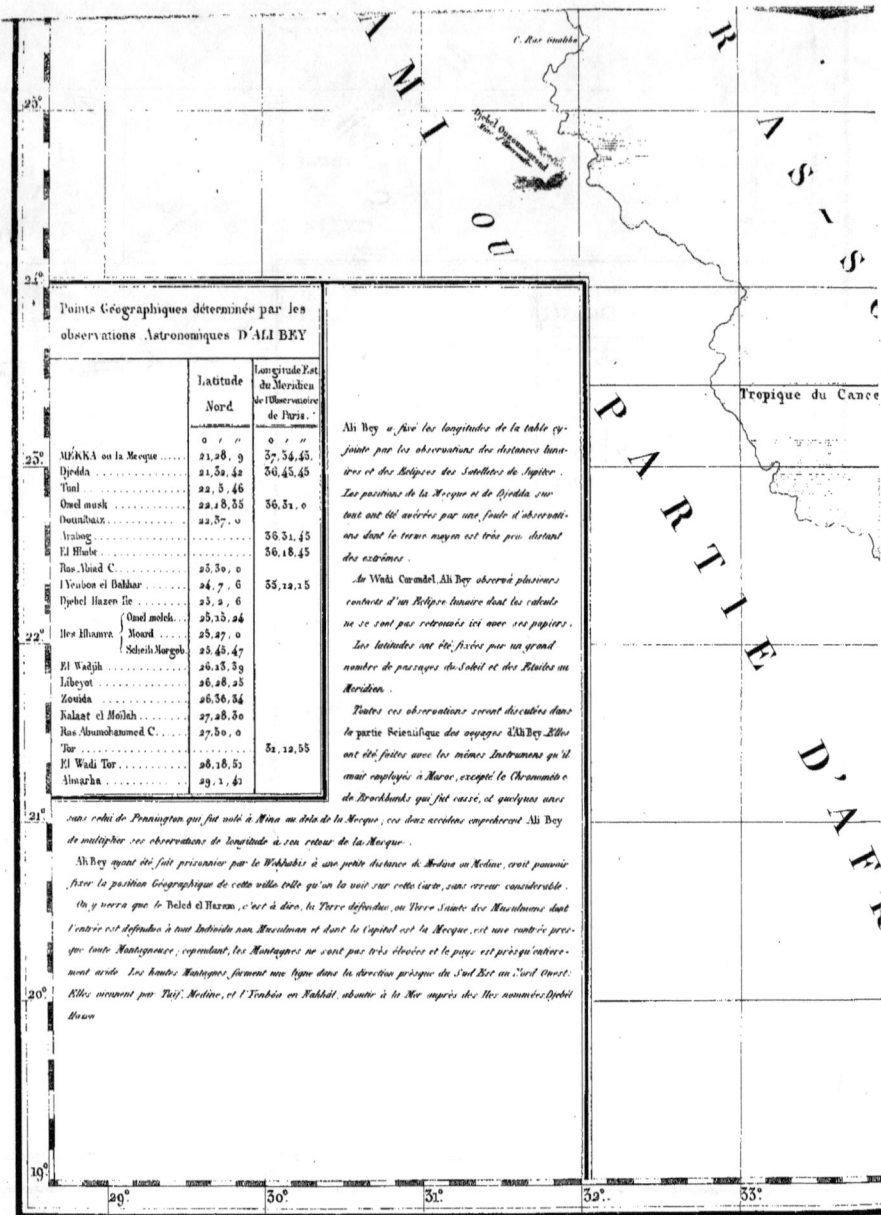

**Points Géographiques déterminés par les observations Astronomiques D'ALI BEY**

| | Latitude Nord | Longitude Est du Meridien de l'Observatoire de Paris. |
|---|---|---|
| | o  ,  ,, | o  ,  ,, |
| MEKKA ou la Mecque ...... | 21,28, 9 | 37,34,45. |
| Djedda .............. | 21,32,42 | 36,45,45 |
| Tunl ............... | 22, 5, 46 | |
| Omel mush .......... | 22,18,55 | 36,31, 0 |
| Doumbaix ........... | 22,37, 0 | |
| Arabog ............. | | 36,31,45 |
| El Hhult ........... | | 36,18,45 |
| Ras Abiad C. ......... | 23,30, 0 | |
| l Youbou el Bahhar ..... | 24, 7, 6 | 35,12,15 |
| Djebel Hazen Ile ...... | 25, 2, 6 | |
| Iles Hhamra { Omel moleh.. | 25,15,24 | |
| { Moard .. | 25,27, 0 | |
| { Scheih Margob. | 25,45,47 | |
| El Wadjih .......... | 26,13,59 | |
| Libeyot ............ | 26,28,25 | |
| Zouida ............. | 26,36,54 | |
| Kalaat el Moilah ...... | 27,28,30 | |
| Ras Abumohammed C. .... | 27,30, 0 | |
| Tor .............. | | 31,12,55 |
| El Wadi Tor .......... | 28,18,51 | |
| Alwarha ............ | 29, 1, 41 | |

Ali Bey a fixé les longitudes de la table cy-
jointe par les observations des distances lunaires et des Eclipses des Satellites de Jupiter.

Les positions de la Mecque et de Djedda surtout ont été avérées par une foule d'observations dont le terme moyen est très peu distant
des extrêmes.

Au Wadi Corandel Ali Bey observa plusieurs
contacts d'un Eclipse lunaire dont les calculs
ne se sont pas retrouvés ici avec ses papiers.

Les latitudes ont été fixées par un grand
nombre de passages du Soleil et des Etoiles au
Méridien.

Toutes ces observations seront discutées dans
la partie Scientifique des voyages d'Ali Bey Elles
ont été faites avec les mêmes Instrumens qu'il
avait employés à Maroc, excepté le Chronomètre
de Brockbanks qui fut cassé, et quelques unes

sans celui de Pennington qui fut volé à Mina au delà de la Mecque, ces deux accidens empêchèrent Ali Bey
de multiplier ses observations de longitude à son retour de la Mecque.

Ali Bey ayant été fait prisonnier par le Wehhabis à une petite distance de Medina ou Medine, croit pouvoir
fixer la position Géographique de cette ville telle qu'on la voit sur cette Carte, sans erreur considérable.
On y verra que le Beled el Hazem, c'est à dire, la Terre défendue, ou Terre Sainte des Musulmans dont
l'entrée est défendue à tout Individu non Musulman et dont le Capital est la Mecque, est une contrée presque toute Montagneuse; cependant, les Montagnes ne sont pas très élevées et le pays est presqu'entièrement aride. Les hautes Montagnes forment une ligne dans la direction présque du Sud Est au Nord Ouest.
Elles ouvrent par Taïf, Medine, et l'Yenbôa en Nakhât, aboutir à la Mer auprès des Iles nommées Djebel
Hamra.

C. Ras tinabée

Djebel Ons

RA S

S

MI OU

PARTIE D'A...

Tropique du Can...

24°

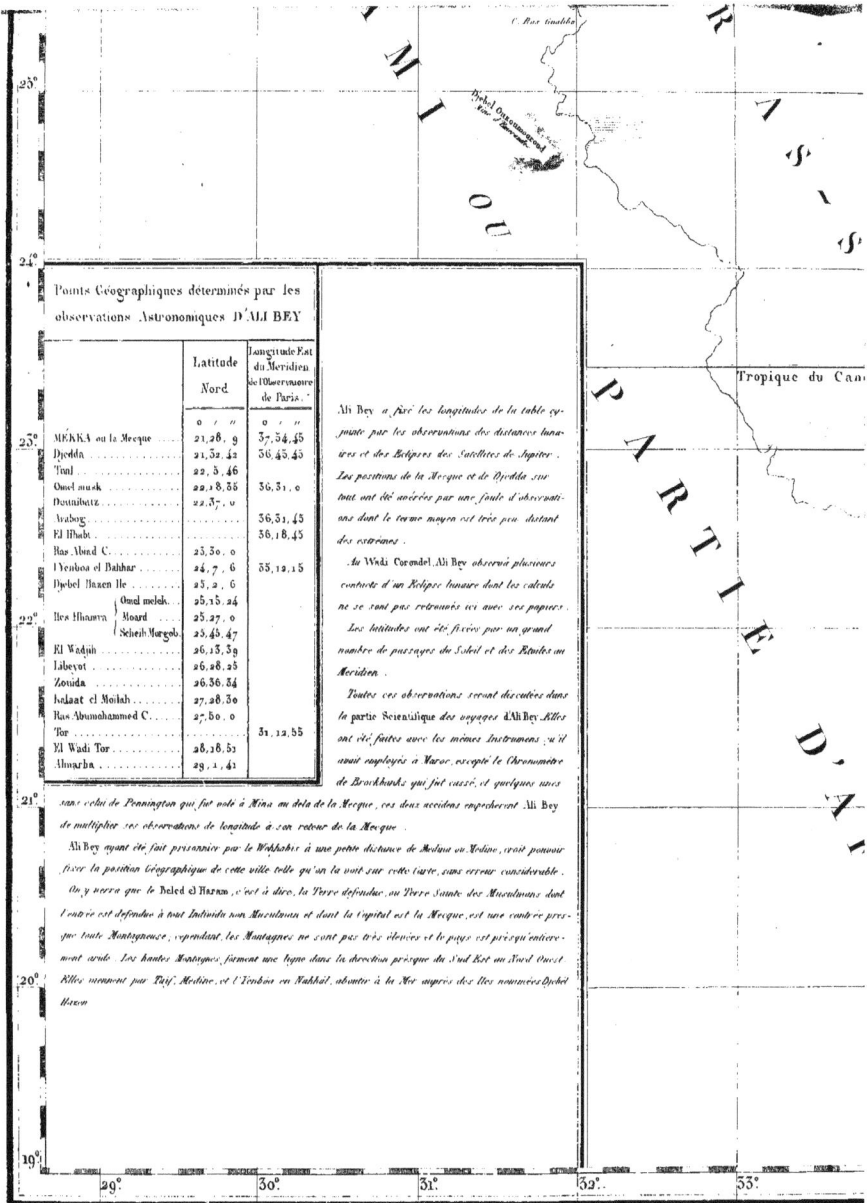

## Points Géographiques déterminés par les observations Astronomiques D'ALI BEY

| | Latitude Nord | Longitude Est du Meridien de l'Observatoire de Paris |
|---|---|---|
| | o ′ ″ | o ′ ″ |
| MEKKA ou la Mecque .... | 21,26, 9 | 37,54,45 |
| Djedda ............... | 21,52,42 | 36,45,45 |
| Tual ................ | 22, 5,46 | |
| Omel musk ............ | 22,18,35 | 36,31, 0 |
| Doumbatz ............ | 22,37, 0 | |
| Arabog .............. | | 36,31,45 |
| El Hhadt ............ | | 36,18,45 |
| Ras Abiad C. ......... | 23,30, 0 | |
| l'enboa el Bahhar ..... | 24, 7, 6 | 35,12,15 |
| Djebel Hazen Ile ...... | 25, 2, 6 | |
| Iles Hhazen ⎰ Omel melek . | 25,15,24 | |
| ⎱ Moard ... | 25,27, 0 | |
| ⎱ Scheih Margob. | 25,45,47 | |
| El Wadjih ........... | 26,13,59 | |
| Libeyot ............. | 26,28,25 | |
| Zouida ............. | 26,36,34 | |
| Kalaat el Moilah ...... | 27,28,30 | |
| Ras Abumohammed C. ... | 27,50, 0 | |
| Tor ............... | | 31,12,55 |
| El Wadi Tor .......... | 28,18,53 | |
| Akuarba ............ | 29, 1,42 | |

Ali Bey a fixé les longitudes de la table cy-jointe par les observations des distances lunaires et des Eclipses des Satellites de Jupiter.
Les positions de la Mecque et de Djedda surtout ont été assurées par une foule d'observations dont le terme moyen est très peu distant des extrèmes.

Au Wadi Corondel Ali Bey observa plusieurs contacts d'un Eclipse lunaire dont les calculs ne se sont pas retrouvés ici avec ses papiers.

Les latitudes ont été fixées par un grand nombre de passages du Soleil et des Etoiles au Méridien.

Toutes ces observations seront discutées dans la partie Scientifique des voyages d'Ali Bey. Elles ont été faites avec les mêmes Instrumens qu'il avait employés à Maroc, excepté le Chronomètre de Brockbanks qui fut cassé, et quelques unes

sans celui de Pennington qui fut volé à Mina au delà de la Mecque, ces deux accidens empêcherent Ali Bey de multiplier ses observations de longitude à son retour de la Mecque.

Ali Bey ayant été fait prisonnier par le Wehhabis à une petite distance de Medina ou Medine, crût pouvoir fixer la position Géographique de cette ville telle qu'on la voit sur cette carte, sans erreur considérable.

On y verra que le Beled el Hazen, c'est à dire, la Terre défendue, ou Terre Sainte des Musulmans dont l'entrée est défendue à tout Individu non Musulman et dont la Capital est la Mecque, est une contrée presque toute Montagneuse, cependant, les Montagnes ne sont pas très élevées et le pays est presqu'entièrement aride. Les hautes Montagnes, forment une ligne dans la direction presque du Sud Est au Nord Ouest. Elles viennent par Taïf, Medine, et l'Yenboa ou Nahhâl, aboutir à la Mer auprès des Iles nommées Djebel Hazen

29°     30°     31°     32°.     33°

**Longitude Est**

29° · 30° · 31° · 32° · 33° · 34°

30° · 29° · 28° · 27° · 26° · 25° · 24°

*Delta*

EGYPTE

Alberça au Birket el Hadj
MASSAR, ou Caire

Birahet el Teve
Babar el Alik

Kahat Agaroud
SOUES, ou Suez — El Agiou Mousa Caire

Nadoor

Djebel Attaka

Ras abou Deraß

Bir el Garondel
El Haouan

Djebel el Tih

Aitah

Tour Siaina au Mont Sinti

Djebel ex Zit

BER EL TUR

I el Cati
El Wadt Tor
Tor

EL SAID, or HAUTE EGYPTE

BER EL TUR

Bahhar el Aakaba

BER EL SEH ISEH

I Scharm

Kalaat el Moilah

I Schedenan

Fº Zeima

El Kosseir

BAHHAR

Port Klein

AA J A M I OU

C. Ras Guatibo

Djebel Oghanam

I Scheih

BER EL AAS- SC

# CARTE

# DE LA CÔTE D'ARABIE

## SUR LA MER ROUGE

Construite par

# ALI BEY EL ABBASSI

d'apres ses propres observations et ses recherches .

............... Routes d'Ali Bey
. Points de relache ou stations
1°. Premier nautlage d'Ali Bey
2° Second nautlage
✳ Endroit ou il fut fait prisonnier par les Wehhabis

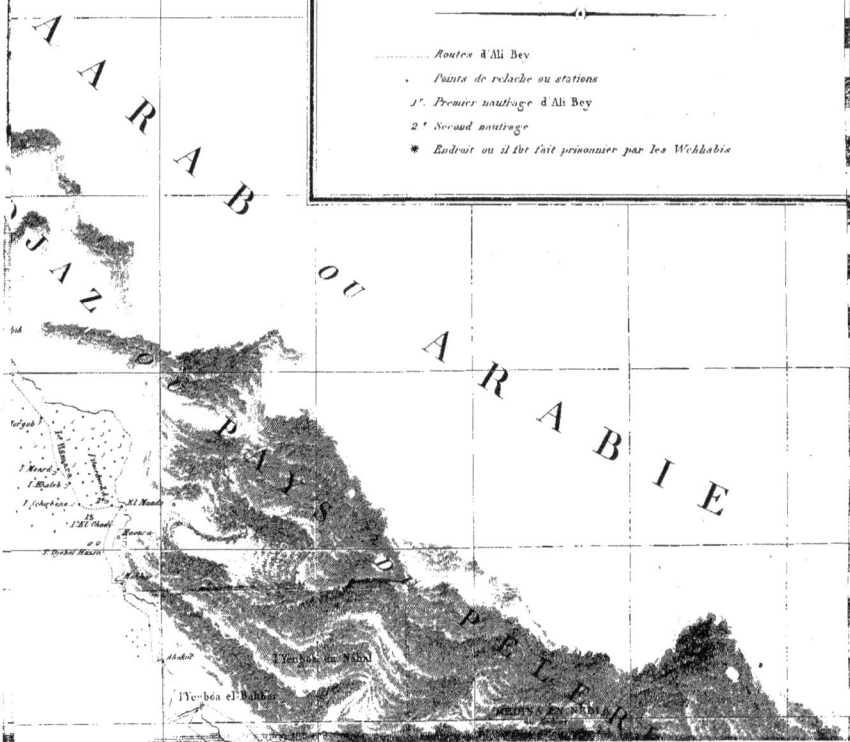

A A R A B

DJAZ

ou A R A B I E

PAYS DE PELER

Ye'yab I.
I Moura
I Thaleh
I Schahine
I. El Thadii
Meneina
I. Oyehel Hassa
El Neede

Abahil
l'Yembók au Nòhl
l'Yembóa el Bahbin
MEDIN EL NABER

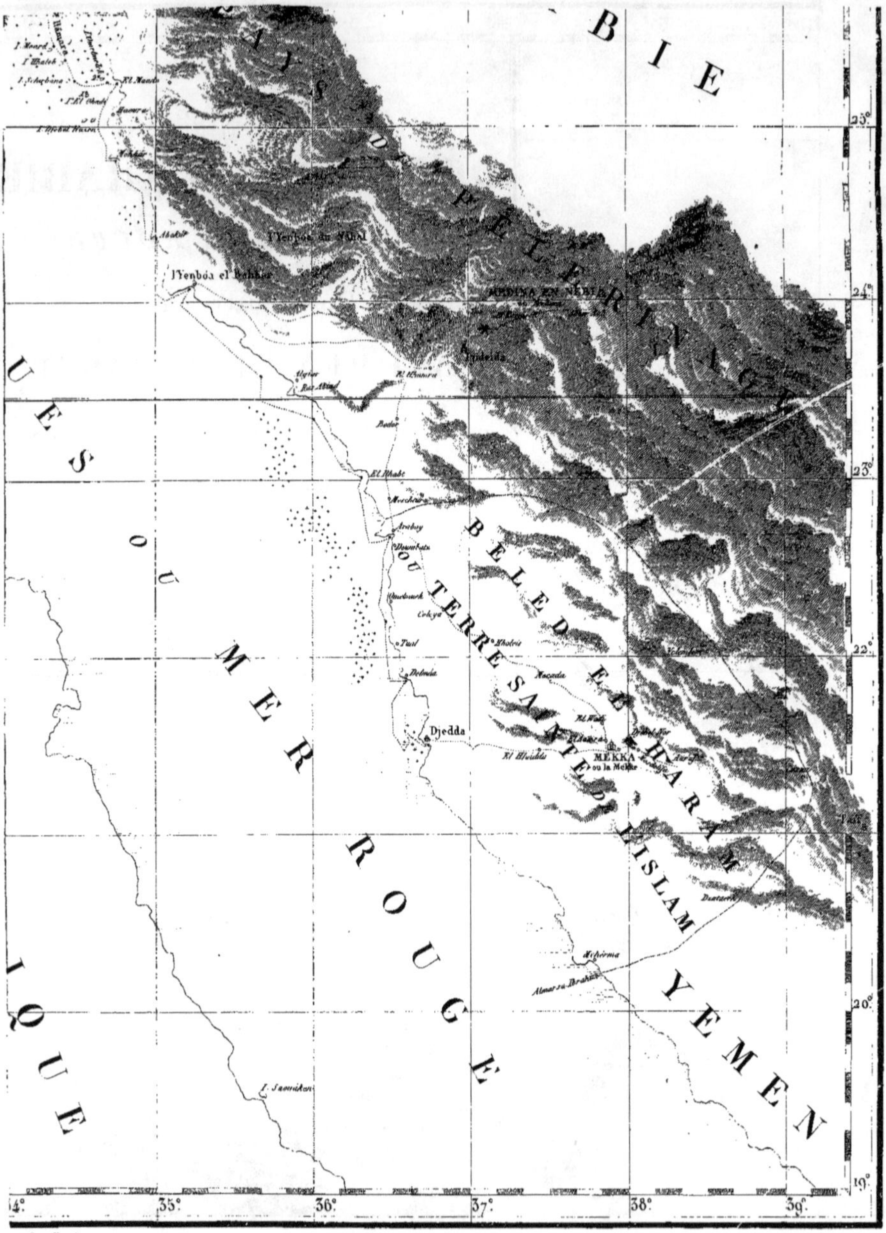

BIE
25°
24°
23°
22°
20°
19°
l'Yenbóa el Bahhar
MEDINA EN NEBIA
Djedeida
El Hhabt
BELED EL HARAM
OU TERRE SAINTE DE L'ISLAM
Djedda
MEKKA
ou la Mekke
UES
OU
MER ROUGE
YEMEN
QUE
35°
36°
37°
38°
39°


st de Paris .

| 31° | 32° | 33° | 34° | 35° | 36° |
|---|---|---|---|---|---|

Djidros

N O I R E

*E U X I N*

Eyeupe

Amire

Sanson

Samsoun

d. Vona

41°

E

M

I

N

E

U

R

E

R. Halil

Chemin d'Erzerum

40°

ra
tyrad.

Victoire de Timour ou Tamerlan

Contre

Bajazete

R. Toumbon

Tokat

R. Dhélel Kızmak

I

Sivas

39°

Gaben Medan
44 heures distant du Diarbekir

lIA. olım Yeonium

A a

N

Yenil

T A U R U S

38°

Karahyssar

Sabne

Hubam

Bortkli

O N

Euphrates

T A U R U S

Oulenkisesta

P O R T E S

Bozide

D E

C I L I C I E

Ana

Cassarea

Victoire d'Alexandre contre Darius

Tarsous

Adana

Misse

Far

37°

Kasanlych

Ana Senles

a Para, résidence du rebelle Kouchouk Ali

Kelendri

Scandroun
ou Alexandrette

Redous

B

E

R

A

Anamour

Bar el Banir C.

Antakia
ou Antioche

Haleb ou Alep

Jischt
ou Yresb

36°

Orou

Khan

Kurra

Chirgoire
Chrossdrome
Nicossia

Palais
CHYPRE

Latakia

Khan Selembla

Hama

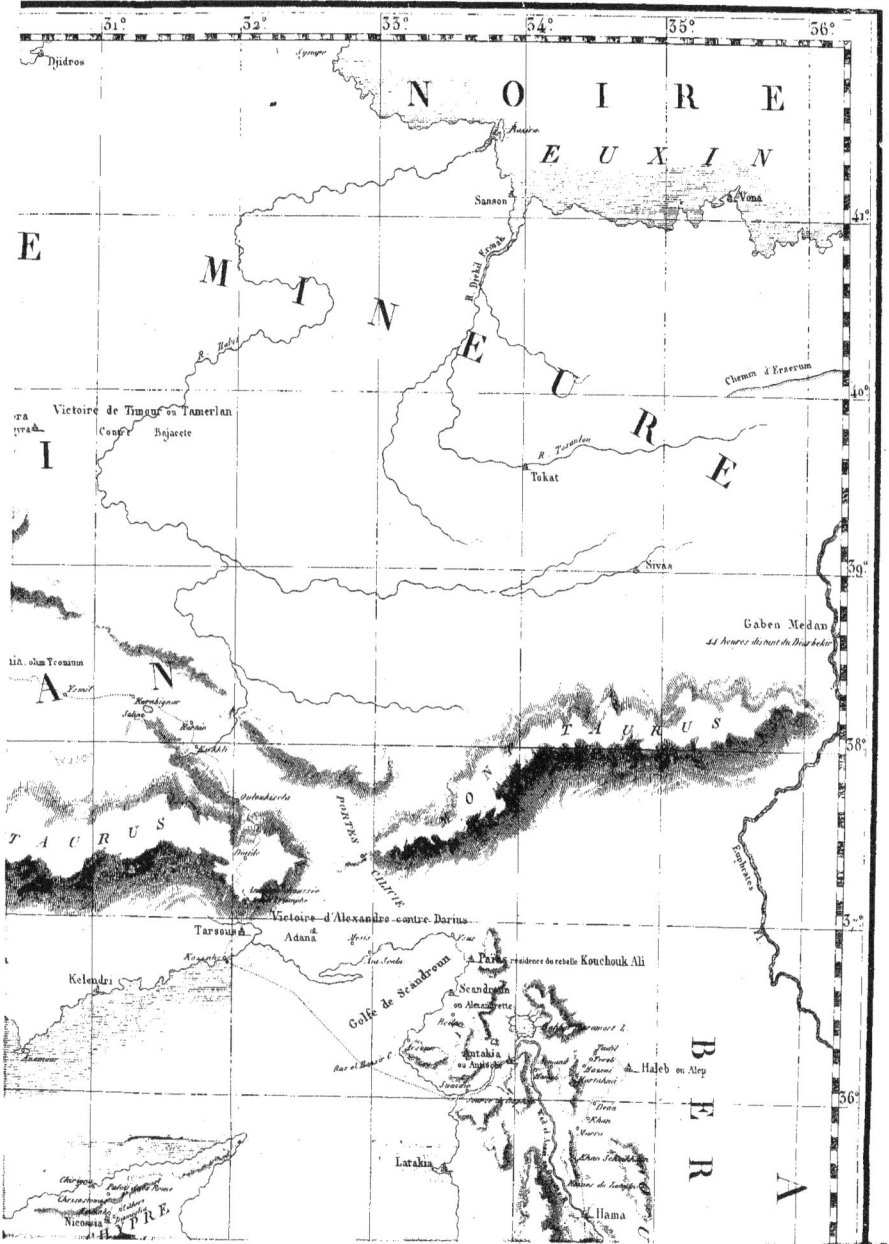

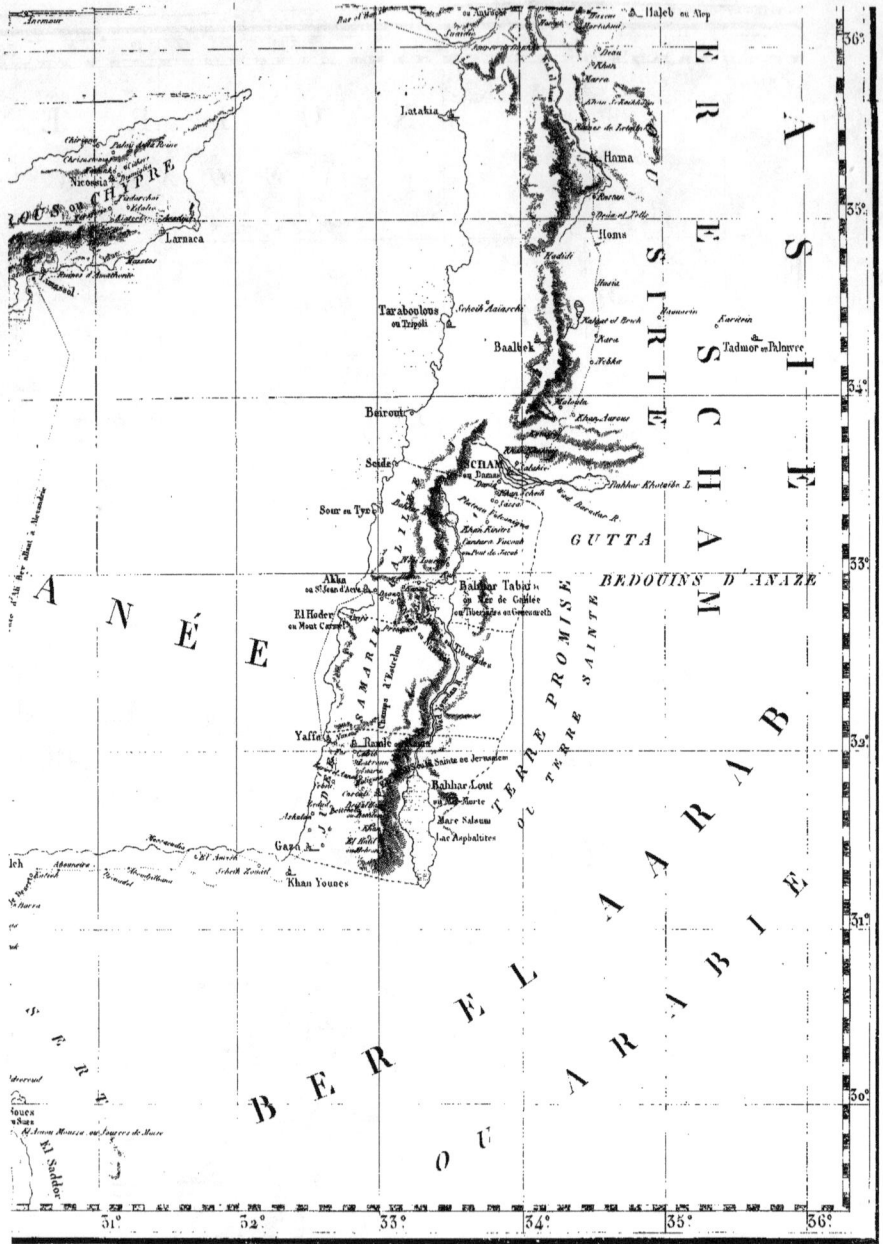

Map labels (as visible on the map):

- Tarmour
- Haleb ou Alep
- Bar el Het
- Antioch
- Suidie
- Latakia
- Beau
- Khan
- Marra
- Khan el Amodien
- Hama
- Chirine
- Palai della Reine
- Crissomoros
- Mastus
- el Atica
- Nicosia
- Kistecle
- Adadja
- LOUS ou CHYPRE
- Larnaca
- Haistus
- Moustet d'Amathonte
- Rossan
- Orsin el Viile
- Homs
- Hasia
- Nadide
- Kateroun
- Tadmor ou Palmyre
- Taraboolous ou Tripoli
- Scheik Aaiacehi
- Kalbet el Brok
- Hara
- Nokke
- Baalbek
- Maleplu
- Khan Aarous
- Beirout
- Seide
- CHAM
- Damas
- Daria
- Khan Scheik
- Faira
- Plateau Palmyrène
- Bahhar Khataibé L.
- Sour ou Tyr
- Khan Kindré
- Candara Yacoub
- Pont du Jacob
- GUTTA
- BEDOUINS D'ANAZE
- Akka ou St Jean d'Acre B.
- Bahhar Tabii ou Mer de Galilée ou Tibériade ou Genesareth
- El Hodey ou Mont Carmel
- Yaffa
- Ramlé
- TERRE PROMISE OU TERRE SAINTE
- Sancta ou Jerusalem
- Bahhar Lout ou Mer Morte
- Mare Saloum
- Lac Asphaltites
- Gaza
- El Hilli
- Khan Younes
- Ieh
- Abousaru
- El Amrib
- Scheik Zouiet
- El Saddor
- ANÉE
- MÉDITERRANÉE
- BER EL AARAB OU ARABIE
- ASIE SIRIE SCHAM
- d'Observatoire de Paris

M E R   M E D I T E R R A N É E

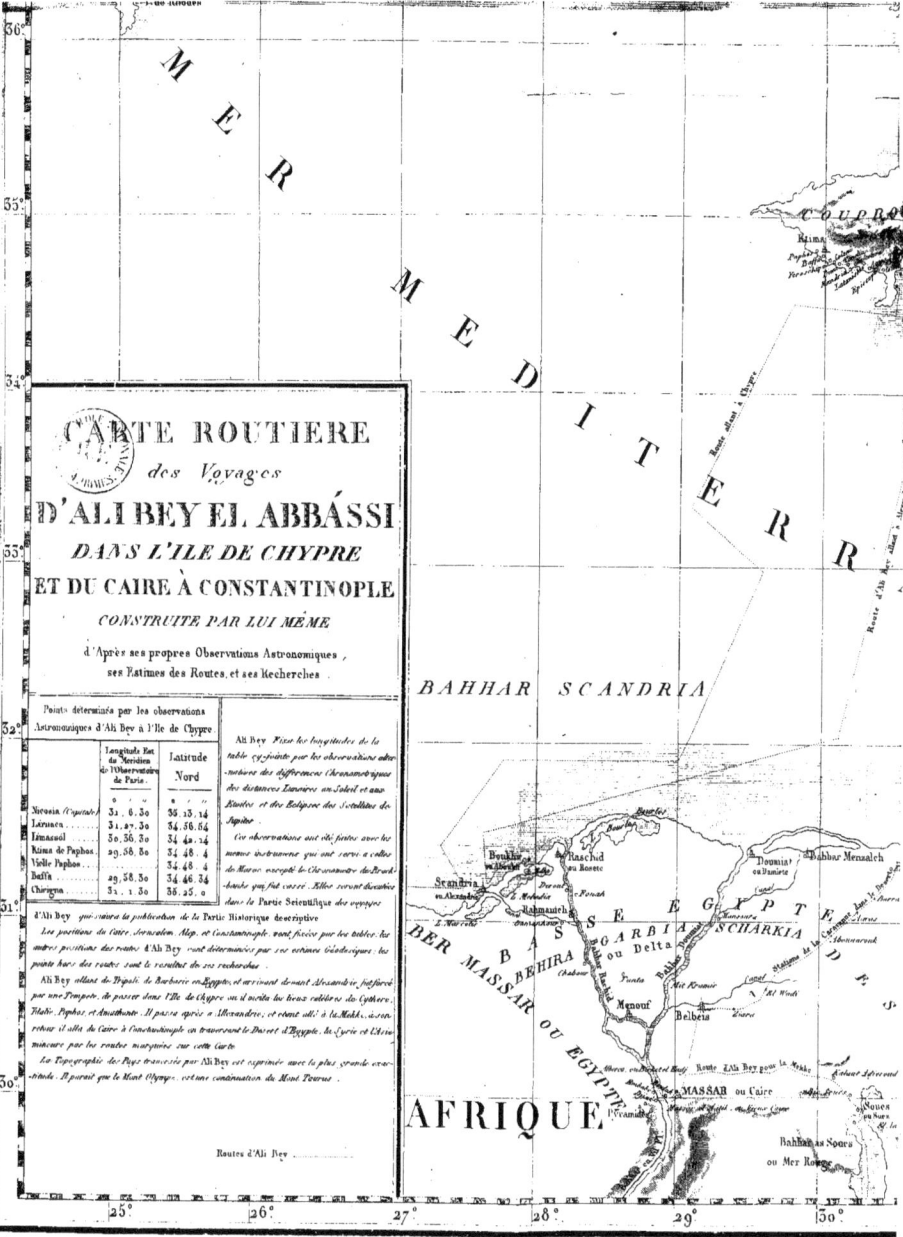

# CARTE ROUTIERE
### des Voyages
## D'ALI BEY EL ABBÁSSI
### DANS L'ILE DE CHYPRE
## ET DU CAIRE À CONSTANTINOPLE
#### CONSTRUITE PAR LUI MÊME
d'Après ses propres Observations Astronomiques,
ses Estimes des Routes, et ses Recherches.

Points déterminés par les observations
Astronomiques d'Ali Bey à l'Ile de Chypre.

| | Longitude Est du Meridien de l'Observatoire de Paris | Latitude Nord |
|---|---|---|
| | ° ′ ″ | ° ′ ″ |
| Nicosia (Capitale) | 31. 6. 30 | 35. 13. 14 |
| Larnaca | 31. 27. 30 | 34. 56. 64 |
| Limassol | 30. 56. 30 | 34. 42. 14 |
| Kima de Paphos | 29. 58. 50 | 34. 48. 4 |
| Vieille Paphos | | 34. 48. 4 |
| Baffa | 29. 58. 30 | 34. 46. 34 |
| Chirogna | 31. 1. 30 | 35. 25. 0 |

Ali Bey fixe les longitudes de la
table cy-jointe par les observations astronomiques des différences Chronométriques
des distances Lunaires au Soleil et aux
Étoiles et des Éclipses des Satellites de
Jupiter.

Ces observations ont été faites avec les
mêmes instruments qui ont servi a celles
de Maroc excepté le Chronomètre de Brock-
banch qui fut cassé. Elles seront discutées
dans la Partie Scientifique des voyages.

d'Ali Bey qui suivra la publication de la Partie Historique descriptive.

Les positions du Caire, Jerusalem, Alep, et Constantinople, sont fixées par les tables, les
autres positions des routes d'Ali Bey sont déterminées par ses estimes Géodesiques; les
points hors des routes sont le resultat de ses recherches.

Ali Bey allant de Tripoli de Barbarie en Egypte, et arrivant devant Alexandrie, fut forcé
par une Tempete, de passer dans l'Ile de Chypre où il visita les trois villes de Cythère,
Filativ, Paphos, et Amathonte. Il passe après à Alexandrie, et s'était allé à la Mekke, à son
retour il alla du Caire à Constantinople en traversant le Basset d'Egypte, la Syrie et l'Asie
mineure par les routes marquées sur cette Carte.

La Topographie des Pays traversés par Ali Bey est exprimée avec la plus grande exactitude. Il paraît que le Mont Olympe, est une continuation du Mont Taurus.

Routes d'Ali Bey

COUPRE

BAHHAR   SCANDRIA

BAHHAR Mensaleh

BASSE   EGYPTE

B E H I R A   G A R B I A   SCHARKIA
ou Delta

BER MASSAR OU EGYPTE

Scandria
ou Alexandrie
Boukhir
ou Aboukir
Raschid
ou Rosete
Dsumia?
ou Damiète

Mahmoudie
Fouah
Menouf
Belbeis

AFRIQUE

MASSAR   ou Caire

Pyramides

Bahhar as Soора
ou Mer Rouge

Suez
ou la

25°   26°   27°   28°   29°   30°

Longitude E. du Meridien de l'O.

| 25° | 26° | 27° | 28° | 29° | 30° |

EUROPE          M     E     R

ROUMILI                    OU  PONT          Erchli

Heraclea    Selivria          Bourgas ou Bosphore
                        St Rogas ou Bosphore
Kodosto     ISTAMBOUL          Scoutari
            Constantinople     & Cadet                    A  S  I
MER  DE  MARMARA          Ismkmid et Nicome
     OU  PROPONTIDE
Dardanelles olim Hellespontus   I. Marmara
Galipoli                    Aroki
     Victoire d'Alexandre   Panormo          A. Temih ou Nicee
          contre Darius                    Moudania
                             Mudania

                        R. Sakaria          Ango
                                            olim Anc

               Mont Olymp              Eni Chptan
                                  Kutaieh
                                            A  N  A  D  O  U  L
          Smirne          Altoungar   Osmanhci
                                  Deia
                        Asnon Karahissar   Tourghlou   Akschhw   Afioun Khan
                                            Kschier   Arddet Khan   Ladik   Ko
               Hieropolis
                    Ladik ou Laodicée
     I. de Samos     R. Meandre                    K   A   R   A   M

                                  Satalia
               Golfe de Macri   o Macri          Golfe de Satalie          Antiochet
     I. de Rhodes                    C. Chelidoni

     M     E     R